말씀 묵상, 삶의 공간을 채우다

- 귀납적 말씀 묵상을 통해 삶의 변화를 이루는 기본서 -

다함 도서출판 은

1. **다**윗과 아브라**함**의 자손
   아브라함과 다윗의 자손으로, 하나님 구원의 언약 안에 있는 택함 받은 하나님 나라 백성을 뜻합니다.
2. 마음과 뜻과 힘을 **다하여** 하나님을 사랑하라
   구약의 언약 백성 이스라엘에게 주신 명령(신 6:5)을 인용하여 예수님이 가르쳐 주신 새 계명
   (마 22:37, 막 12:30, 눅 10:27)대로 마음과 뜻과 힘을 다해 하나님을 사랑하겠노라는 결단과 고백입니다.

사명선언문
1. 성경을 영원불변하고 정확무오한 하나님의 말씀으로 믿으며, 모든 것의 기준이 되는 유일한 진리로 인정하겠습니다.
2. 수천 년 주님의 교회의 역사 가운데 찬란하게 드러난 하나님의 한결같은 다스림과 빛나는 영광을 드러내겠습니다.
3. 교회에 유익이 되고 성도에 덕을 끼치기 위해, 거룩한 진리를 사랑과 겸손에 담아 말하겠습니다.
4. 하나님 앞에서 부끄럽지 않도록 항상 정직하고 성실하겠습니다.

말씀 묵상, 삶의 공간을 채우다
- 귀납적 말씀 묵상을 통해 삶의 변화를 이루는 기본서 -

초판 1쇄 인쇄 2025년 11월 10일
초판 1쇄 발행 2025년 11월 20일

지은이 | 조철민

교 정 | 강동규
디자인 | 장아연
펴낸이 | 이웅석
펴낸곳 | 도서출판 다함
등 록 | 제 402-2018-000005호
주 소 | 경기도 군포시 산본로 323번길 20-33, 701-3호(산본동, 대원프라자빌딩)
전 화 | 031-391-2137
팩 스 | 050-7593-3175
블로그 | https://blog.naver.com/dahambooks
이메일 | dahambooks@gmail.com
ISBN 979-11-994307-2-3 [03230]

※ 신저작권법에 의하여 한국 내에서 보호받는 저작물이므로 무단 전재와 무단 복제를 금합니다.
※ 책 값은 뒷표지에 있습니다.
※ 잘못된 책은 구입처에서 교환하여 드립니다.

귀납적 말씀 묵상을 통해 삶의 변화를 이루는 기본서

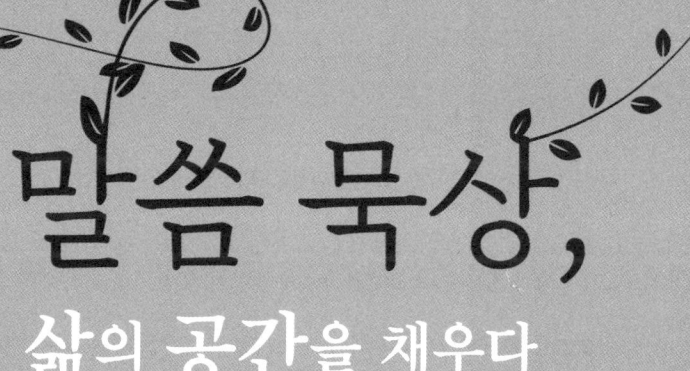

말씀 묵상,
삶의 공간을 채우다

조철민 지음

다함
도서출판

목차

추천사 … 7

프롤로그 - 말씀 앞에서 나의 심장은 뛰고 있는가 … 18

1. 말씀 묵상, 세상을 대응하기 위한 충전의 시간 … 21

2. 말씀 묵상에 대한 정의와 오해 … 41

3. 왜 말씀 묵상을 해야 하는가? … 53

4. 말씀 묵상의 원칙 … 69

5. 말씀 묵상의 실제 … 87

6. 말씀 묵상, 구체적으로 어떻게 해야 하는가 … 115

7. 말씀을 관찰하라 (살펴보기, 내용 관찰) … 127

8. 말씀에게 질문하라 (생각하기, 연구와 묵상) … 151

9. 말씀에게 반응하라 (돌아보기, 느낀 점) … 189

10. 말씀 앞에 순종하라 (실천하기, 결단과 적용) … 207

부록 1. 말씀 묵상, 이것만은 기억합시다 ⋯ 223

부록 2. 말씀 묵상을 위한 세미나 강의안 ⋯ 233

부록 3. 말씀 묵상 실습 (D형 큐티 실습) ⋯ 239
  출애굽기 14:21-31
  베드로전서 5:7-14

부록 4. 말씀 묵상 샘플 (D형 큐티 Sample) ⋯ 245
  출애굽기 14:21-31
  누가복음 5:27-39
  베드로전서 5:7-14
  갈라디아서 6:1-10

에필로그 - 말씀 앞에서 나의 심장은 지금도 뛰고 있다 ⋯ 263

- 일러두기 -
모든 성구 인용은 특별히 달리 표기하지 않는 한 《성경전서 개역개정 4판》
(대한성서공회)을 사용했다.

추천사

불안과 불확실성이 가득한 오늘날을 살아가는 그리스도인에게, 말씀 묵상은 하나의 신앙 훈련이 아닌 존재와 삶의 기준을 바로 세우는 은혜의 시간입니다. 또한 온갖 거짓 소식과 인간의 욕망으로 유혹하는 세상에서, 우리가 걷는 인생길이 생명과 진리의 길이 되도록 하는 일은 말씀 묵상에서 시작됩니다.

조철민 목사님의 『말씀 묵상, 삶의 공간을 채우다』는 바로 이 길을 올곧게 가고자 하는 성도에게 전하는 따뜻하고 친절한 말씀 묵상 가이드입니다. 저자는 국제제자훈련원에서 큐티 잡지 디렉터로 오랫동안 사역하면서, 성도의 말씀 생활을 가까이에서 도와 온 경험을 이 책 곳곳에 담았습니다. 그래서 책장을 넘길 때마다 말씀 앞에 섰던 저자의 경험과, 한 영혼이라도 말씀 앞에서 하나님을 제대로 만나도록 돕고자 하는 목자의 진심이 느껴집니다.

앞서 말한 대로 이 책은 따뜻하고 친절한 책입니다. 우선 이 책은 말씀 묵상을 어렵게 느끼는 성도에게 이는 '난이도의 문제가 아니라 익숙함의 문제'라는 위로를 건넵니다. 그리고 구체적인 'D형 큐티 방법론'을 통해 말씀 묵상의 길을 차근히 안내합니다. 본문을 관찰하고, 질문하며, 느끼고, 결단하는 여정은 단순한 지식 습득이 아니라 하나님과의 인격적 만남을 통한 변화로 이끕니다. 무엇보다 이 책의 가장 큰 매력은 묵상을 생활로 자연스럽고 친절하게 잇는다는 점입니다. 그래서 말씀을 머리로 '공부'하는 데서 멈추지 않고, 나의 하루를 바꾸는 힘이 되도록 만듭니다. 특히 마지막 단계인 '결단과 적용'에서 제시하는 구체적인 원리는 말씀 묵상이 삶의 변화를 일으키는 믿음의 행위임을 깨닫게 합니다.

『말씀 묵상, 삶의 공간을 채우다』는 말씀으로 일상을 채우고 싶은 모든 신앙인에게 꼭 권하고 싶은 책입니다. 이 책에는 메마른 이론이 아닌 삶으로 증명된 경건함과 교훈이 아닌 동행의 따뜻함이 담겨 있습니다. 이 책이 보이는 묵상의 길을 따라 새롭게 걸어가 보십시오. 말씀 속에서 그리스도를 더 깊이 알아가고, 세상 속에서도 흔들리지 않는 영적 분별력과 평안을 얻게 될 것입니다. 그리고 어느새 하나님의 인도하심 속에서 하루하루를 새롭게 살아내는 자신을 발견하게 될 것입니다.

◆ 김대혁 (총신대학교 신학대학원 실천신학 교수)

『말씀묵상, 삶의 공간을 채우다』는 흔히 볼 수 있는 수준의 큐티 소개서가 아닙니다. 저자 조철민 목사님은 국제제자훈련원의 큐티집 〈날마다 솟는 샘물〉의 집필 책임자로서 경험했던 내용을 이 책에 담아냈습니다. 큐티 생활의 가장 깊은 실체를 쉽고도 유익하게 풀어낸 이 책은 매우 신선하고 가치 있는 실제적 큐티 길라잡이라 할 수 있습니다.

저자는 본문 내용 관찰, 연구와 묵상, 느낀 점, 결단과 적용 전체를 기록하는 형태의 D형 큐티를 소개합니다. 이를 통해 본문을 이해한 후, 그 본문의 메시지를 우리의 삶으로 가져오는 과정을 독자들의 눈앞에 입체적으로 보여줍니다. 그에 더하여, 큐티의 각 단계마다 실제적인 예들을 충분히 제공하여, 독자들이 큐티를 배우고 익힐 수 있도록 친절하게 도움의 손길을 베풀고 있습니다. 조철민 목사님이 총신대학교 신학대학원에서 수학할 당시 교수와 제자로 만났고, 또한 그 이후 삶의 여정 가운데서 하나님을 사랑하고 교회를 섬기고자 한 저자의 진심을 알고 있기에, 이번 저서의 출간이 반갑고 기쁩니다. 이 책을 통해서 저자의 하나님 사랑과 성도 사랑의 신앙이 많은 독자들을 살아있는 큐티의 세계로 안내하게 될 것을 믿으며 기대합니다. 말씀을 사모하는 모든 독자들의 일독을 진심으로 권합니다.

♩ 김희석 (총신대학교 신학과 구약신학 교수)

저는 대학교 1학년 때 말씀 묵상을 전문적으로 하는 대학생성경읽기선교회라는 선교단체를 통해 예수님을 만났습니다. 그 이후로 지난 40년 동안 말씀 안에서 주님을 만나고, 하늘의 기쁨을 누립니다. 대학생 시절뿐 아니라 군대 훈련소에서 시간을 따로 내기 어려울 때는 캄캄한 밤에 화장실에서 말씀을 묵상하기도 하고, 중국 선교지에서 위험하고 힘겨운 상황에 놓였을 때도 하나님의 말씀 한 절이 저를 다시금 일으켜 세워주기도 했습니다. 신학을 전문적으로 공부했지만, 말씀 묵상은 체계적인 학문이 줄 수 없는 높은 산자락에서 솟아나는 샘물을 마시는 감격을 주었습니다.

예수님을 만난 이후로 수십 년 동안 제가 묵상하는 한 구절이 있습니다. 바울이 전해 준 "너희 안에 이 마음을 품으라 곧 예수 그리스도의 마음이니"라는 이 한 말씀은 평생 제 가슴에 울림이 되어 제 삶의 이정표가 되고 있습니다. 이 말씀을 묵상할 때마다 예수님의 얼굴이 눈앞에 보이고, 제 삶이 어디를 향해 있는지 다시금 확인하곤 합니다. 말씀 묵상은 하나님을 만나는 시간이며, 자신을 바라보는 거울이자, 지상에서 가장 의미있는 삶으로 인도하는 거울입니다.

조철민 목사님은 말씀 묵상을 최상으로 누릴 수 있는 참 귀한 안내서를 준비했습니다. 하나님을 사랑하면서도 아직 묵상이 일상이 되지 못한 사람에게는 묵상의 좋은 길잡이가 될 것이며, 이미 묵상이 생활화된 사람들에게는 더 깊은 묵상을 향한 안내자가 될 것입니다. 올바른 묵상은 한 문장을 이해하는 것을 넘어 하나님의 표정을 읽는 것입니다. 우리를 향한 하나님의 심장의 고동소리를 듣는 것입니다. 마침내 묵상은 우리 삶에 파고들어 우리의 사상과 방향 그리고 삶의 전 영역에 급진적 변화를 일으킵니다.

목사님의 책은 철저하게 성경 저자의 의도에 밀착된 묵상을 도와줍니다. 본문을 벗어난 묵상은 과녁을 벗어난 화살과도 같습니다. 삶으로의 적극적인 적용 없이 본문 해석에 그친 묵상은 허공에 화살을 쏘는 것이나 마찬가집니다. 목사님의 책은 본문에 나타난 하나님의 음성을 정교하게 듣는 훈련을 시키는 동시에 삶의 변화를 구체적으로 이끌어내는 자석 같은 힘을 가지고 있습니다.

하나님을 사랑한다면 이 책을 펼쳐보십시오. 하나님의 마음을 더 깊이 이해하게 될 것입니다. 성경을 사모한다면 이 책을 탐독해 보십시오. 말씀이 문자가 아니라 하나님의 음성으로 들려올 것입니다. 말씀을 통해 하나님을 만나는 희열을 맛보게 될 것입니다.

◈ 류응렬 (와싱톤중앙장로교회 담임목사
/ 고든콘웰신학대학원 객원교수)

그리스도인에게 하나님 말씀을 묵상하는 것은 가치 혼란의 시대에서 승리하는 삶을 살기 위해 반드시 필요합니다. 삶의 복잡한 파도 속에서 우리는 현실과 타협하며 후회하는 일을 경험할 때가 많습니다. 만약 우리의 삶의 공간이 말씀으로 채워져 있었다면, 그 자리는 내 뜻이 아닌 하나님의 뜻이 온전히 세워졌을 것입니다.

바로 이런 시대적 요청에 응답하듯, 조철민 목사님의 신간 『말씀 묵상, 삶의 공간을 채우다』는 그리스도인의 삶을 바로 세우고 영적 회복을 위한 귀한 전기를 마련해 줄 것입니다. 이 책은 단순히 성경 구절을 해석하거나 묵상하는 '방법론'을 제시하는 데 머물지 않습니다. 저자는 우리 삶의 모든 영역을 비어있는 공간으로 간주하고, 이 공간을 하나님의 말씀으로 어떻게 채울 것인지를 심도 있게 다룹니다.

특히 저는 이 책이 제시하는 묵상의 실제적 적용을 보며 감탄했습니다. 말씀 묵상이 삶의 한 부분을 채우는 경건 의식에 머무르지 않고, 살아 역사하는 실제적인 삶이 되도록 자세한 예시로 설명합니다. 이러한 깊이 있는 저술이 가능했던 것은 저자가 오랜 시간 '말씀 묵상 전문가'로 살아왔기에 자연스럽게 드러난 통찰일 것입니다. 잔잔하지만 격조 있는 저자의 통찰은 우리를 흔들리지 않는 반석 위에 세워진 삶으로 인도할 것입니다.

갈수록 시대는 진리를 외면하고 자신의 생각을 진리처럼 포장하는 일을 서슴지 않습니다. 하지만 우리는 이런 혼란 속에서도 분별력을 가진 하나님의 백성으로 살아가야 합니다. 이를 위해 말씀 묵상에 대한 필요성은 아무리 강조해도 지나치지 않습니다. 저는 하나님의 은혜와 회복을 갈망하는 모든 이에게 이 책의 일독을 권합니다. 분명 무너진 삶의 자리를 회복시키는 결정적인 계기를 마련할 것이며, 주 안에서 사는 기쁨이 무엇인지를 깨닫게 해 줄 것입니다. 다시 한번 저자의 노고에 깊이 감사드리며, 독자 여러분께도 기쁜 마음으로 추천합니다.

◉ 박성규 (총신대학교 총장)

나는 제자이자 이 책의 저자 조철민 목사님에게 감동합니다. 특히 조철민 목사님의 끊임없는 열정과 도전 정신에 감동합니다. 조 목사님이 말씀 묵상과 관련한 책을 썼다고 했을 때 많은 기대를 했는데, 의심할 여지없이 말씀 묵상 영역에서 오랫동안 쌓아온 그의 전문성을 그대로 볼 수 있었습니다.

조 목사님은 학사 에스라의 고백(에스라 7:10)을 말씀 묵상을 시작하기 위한 첫 출발점으로 삼았다고 고백합니다. 결국 성도가 살아나고 세상을 살리는 길은 오로지 하나님의 말씀을 묵상하는 길이라고 확신했다고 저술하였는데, 매우 탁월하고 적절하고 공감이 가는 견해입니다.

이 책은 말씀의 가치, 말씀에 대한 태도, 말씀 묵상의 이유, 말씀 묵상의 방법, 그리고 말씀 묵상 결과의 적용과 실천 등에 관하여 매우 구체적이면서도 쉽게 설명하고 있습니다. 특히 말씀 묵상을 위해 제시한 'D형 큐티 방법론(내용 관찰, 연구와 묵상, 느낀 점, 결단과 적용)'에 대한 적절한 예를 통한 설명은 많은 목회자들에게 도움을 줄 것이라 확신합니다.

특히 개인적으로는 말씀 묵상을 '곰탕과 두발자전거'를 통해 유비(類比)한 부분에서 무릎을 쳤습니다. 말씀 묵상에 대한 꾸준함의 중요성과 몰입을 강조하는 매우 적절한 유비라고 생각했기 때문입니다. "결국 내 마음속에 성경을 묵상하면서 뜨거움이 올라왔다면, 성령의 역사가 자유롭게 일어나도록 적용의 단계로 나아가야 한다"라는 조 목사님의 외침은, 성경책을 들고 다니는 사람조차 희귀해진 오늘의 세상에서 성도들에게 큰 울림을 줍니다.

무엇보다 풍부한 예를 사용한 구체적인 방법이 나와 있어, 양육과 훈련을 바로 세우고, 초신자 교육을 위해 고민하는 목회자에게는 정말 좋은 성경 묵상 지침서가 될 것입니다. 다시 한번 이와 같은 성경 묵상 안내서를 세상에 내놓은 조철민 목사님의 노고를 진심으로 치하하며, 많은 분들이 읽고 적용하며, 더욱 강건한 영적 군사로 세워지길 기도합니다.

● 양현표 (총신대학교 신학대학원 실천신학 교수)

그동안 한국교회는 말씀을 사모하는 성도들은 많은 데 비해 제대로 된 말씀 묵상 가이드북이 없었습니다. 이번에 조철민 목사님의 신간 『말씀 묵상, 삶의 공간을 채우다』가 다함출판사에서 출간된다는 이야기를 듣고 '정말 이 책을 쓸 적임자가 드디어 책을 내는구나'라는 생각이 들었습니다.

조철민 목사님의 사역은 늘 말씀과 함께, 말씀의 곁에, 그리고 말씀의 중심에 있었습니다. 특히 국제제자훈련원에서 출간하는 《날마다 솟는 샘물》의 책임자로 오랜 시간을 섬겼고, 평신도를 깨운다 제자훈련 지도자 세미나(CAL 세미나)에서도 말씀 묵상 강의자로 이 분야에서 가장 특화된 저자입니다.

사실 제자훈련에서 경건의 생활을 다룰 때 QT(Quiet Time), 즉 말씀 묵상은 제자훈련의 첫 번째 관문이라고 할 수 있습니다. 그래서 모든 인도자가 가장 심혈을 기울여 이 과정에서 훈련생들과 몸부림을 칩니다. 하지만 생각보다 이 과정을 매끄럽게 진행하는 것이 쉽지 않습니다. 그런 면에서 이 책은 말씀 묵상을 사모하는 사람들에게는 더할 수 없는 지침서가 될 것입니다. 또한 제자훈련의 말씀 묵상 훈련을 위한 교재로 금상첨화(錦上添花)라 할 수 있습니다.

이 책은 말씀 묵상의 원칙에서 실제까지 독자들을 말씀의 세계로 인도하고 있습니다. 특히 부록에서는 말씀 묵상을 위한 실습까지 담고 있습니다. 특히 조철민 목사님이 에필로그에 말씀 앞에서 심장이 뛴다고 고백했는데, 이 책을 펼친 모든 독자의 가슴이 말씀의 엔진으로 다시 뛰게 될 것이라 소망하며, 즐겁게 일독을 권합니다.

◉ 임종구 (푸른초장교회 담임목사)

프롤로그
말씀 앞에서 나의 심장은 뛰고 있는가

바벨론에서 길을 떠난 에스라의 심장은 뛰고 있었다. 그는 포로 생활로 지쳐 있던 백성에게 말씀을 채워 넣는 것이 백성을 살리는 길임을 깨달았다. 분명 그는 말씀을 연구하고, 준행하며, 가르쳐 지키게 해야 함을 결단하기까지 많은 고민을 했을 것이다.

> 에스라가 여호와의 율법을 연구하여 준행하며 율례와 규례를 이스라엘에게 가르치기로 결심하였었더라(스 7:10)

이 생각과 고민은 에스라에게만 국한되지 않았다. 그리스도인으로 이 땅을 살아가는 예수님의 제자라면 에스라와 같은 마음이 가슴 깊은 곳에 숨겨져 있다. 특히 하나님께서 아름답게 창조하신 공간이 비진리로 채워지고 있음을 많이 느낀다. 하나님과 예수님으로 채워져야 할 자리가 인간의 욕망으로 대체되는 일은 어제오늘의 일이 아니다.

바로 이런 공간을 생명으로 채우는 방법이 무엇일까? 태초에 천지를 창조하셨던 하나님의 말씀에서 생각해 본다. "땅이 혼돈하고 공허하며 흑암이 깊음 위에 있고…"창 1:2 바로 이때 하나님께서는 "빛이 있으라"창 1:3라고 말씀하시며 어두운 공간을 밝히셨다. 죽었던 공간이 밝아지는 순간이었다. 이는 오직 하나님 말씀을 통해서만 가능하다.

시대를 살리기 위한 방법도 동일하다. 하나님께서 만드신 피조물인 '나'라는 공간에 말씀을 채워 넣는 것이다. 에스라가 결단했던 말씀을 연구하는 과정이 뇌에 채워 넣는 과정이라면, 준행하는 과정은 손과 발에 말씀을 채워 넣는 과정이다. 결국 율례와 규례를 이스라엘에게 가르치기로 결심한 부분은 말씀을 가슴에 채우는 과정인 셈이다.

에스라는 하나님의 말씀을 이스라엘 사람들의 비어 있는 공간에 채워 넣기로 작정했다. 그 순간 하나님의 말씀은 이스라엘 백성에게 영향을 끼쳤다. 결국 세상을 살리고 하나님의 백성이 선한 영향력을 끼치는 유일한 방법을 그는 선택한 것이다.

말씀으로 공간을 채우는 것, 이것은 시대를 살리는 유일한 방법으로, 이 시대에는 에스라와 같은 결단을 한 사람들이 곳곳에서 일어나야 한다. 자신의 자리에서 뜨겁게, 열정적으로, 마음을 다해 말씀을 연구하고, 준행하며, 가르치기 위해 힘쓰는 자들이 우후죽순처럼 일어난다면 놀라운 기적의 역사가 쓰일 것이다. 가정에서, 일터에서, 공동체에서 말씀으로 공간을 채우기 위한 일들이 일어난다면, 하나님께서 만드신 이 공간은 회복을 넘어 부흥으로 이어지는 역사를 누리게 될 것이다.

"말씀 묵상, 삶의 공간을 채우다"라는 글은 이런 작은 소망이 일어나길 바라는 마음으로 쓰였다. 말씀 묵상 잡지를 담당했던 목회자로, 매일 성경 본문을 가지고 질문과 길잡이를 정리했던 시간은 하나님의 명령을 이행하는 시간이었다. 그것이 삶의 자리에서 힘겨워하는 누군가를 살리기 위해 쓰인다면, 그것으로 족하다.

나는 오늘도 죽어 있는 공간을 말씀으로 채우기 위해 힘쓰는 목회자와 평신도 사역자들을 응원한다. 또한 이 작업이 쉽지 않기에 조금이라도 도움이 되었으면 하는 마음에서 이 글을 세상 가운데 흘려보낸다. 비록 여전히 부족한 글이지만, 하나님 나라 확장과 한 영혼의 온전한 성장을 위해 귀하게 쓰였으면 하는 바람으로, 이 글이 당신에게 닿기를 기도하며 시작한다.

주후 2025년 6월
파워보이스 조철민 올림

01

말씀 묵상,
세상을 대응하기 위한 충전의 시간

오늘 아침에도 일어나니, 인터넷 공간은 정신을 혼미하게 하는 기사들로 가득 차 있다. 현대인의 눈은 스마트폰에 이미 적응되어 자극적인 것으로 물들었고, 과거 상상조차 할 수 없는 이야기들이 뇌를 자극한다. 정말 하나님의 백성이 이런 세상 속에서 자기 정체성을 지키는 것 자체가 기적이다.

  자극적인 것들이 봇물 터지듯 터져 나오는 시대, 교회의 교회됨을 주장하고, 성도의 성도됨을 주장하는 것이 가끔 공허하게 느껴질 때가 있다. 성경적 세계관의 타당성을 이야기하고, 함께 이를 위해 달리면 좋겠으나, 세상은 남은 공간마저도 내놓으라고 말한다. 어떻게 이 답을 찾아야 할지 몰라 깊은 수렁 속에서 헤매고 있을 때, 갑자기 이런 생각이 떠올랐다.

'그래! 말씀 묵상한 것들을 천천히 기록으로 남기자.'
'뭐라도 써 보자'

나는 그동안 하나님의 은혜로 말씀 묵상과 관련된 일을 계속했다. 부족하지만 매일 글을 쓰고, 묵상하며 나누는 삶을 반복하다 보니, 여기저기서 말씀 묵상을 통해 은혜받는 일들을 보게 되었다. 이런 일들이 일어나는 것을 보면, 지금까지 묵묵히 써 왔던 글들과 외침이 '공허한 외침은 아니었구나'라는 생각이 들기도 했다. 물론 갈 길은 멀다. 하지만 세상을 향한 작은 시도는 자신도 모르게 예상 밖의 결과로 이어지는 것을 보았던 것처럼, 하나님 말씀의 위대함을 강조하고자 하는 마음의 소원도 많은 이들에게 전달되어 주님 오실 그날까지 멈추지 않고 계속될 것이라 믿는다.

사실 우리 삶의 많은 영역이 세상의 가치관으로 채워진 채 돌아가고 있다. 세상의 공격은 갈수록 강력해져, 하나님을 믿지 않는다고 고백하는 것이 자랑인 것처럼 보이는 시대가 되었다. 안타깝게도 세상은 이런 그리스도인들의 곤경을 즐기고, 더욱 정교하게 구석으로 몰아넣는 질문을 서슴지 않는다. 성경의 아전인수我田引水격 해석을 세상이 종용해도 어떻게 대응해야 할지 몰라 허둥지둥대는 모습도 있다.

과연 하나님의 백성이 자랑스러운 삶을 영위하는 일이 가능할까. 세상은 하나님의 말씀을 믿는 사람을 편협한 진리에 빠진 자로 불쌍히 여기지만, 편협한 진리에 빠진 자들은 말씀의 권위를

무시하는 자들이다. 하나님의 말씀을 믿는 것은 편협한 진리에 빠지는 것이 아니라, 거짓이 아닌 진리에 집중하는 것이다. 이것은 어리석은 행위가 아니라, 삶의 회복을 위한 지혜로운 행위다. 성도는 늘 말씀을 먹으며, 말씀대로 행하고, 말씀을 전하고 나누기 위해 늘 말씀으로 채워진 인생을 살아야 한다. 분명 그러다 보면 하나님의 은혜로 충만한 날이 반드시 온다.

자신의 공간을 말씀으로 채우는 것은 기쁘고 행복한 일이다. 보이지 않는 미래를 좇아가는 인생이 아니라, 하나님께서 성취하실 미래를 좇아가는 인생이기 때문이다. 그렇기에 하나님의 백성은 흔들림 없는 인생의 항해를 계속할 수 있다. 이것은 성경에 등장하는 인물들의 삶에서도 고스란히 볼 수 있다. 여호수아는 모세가 죽은 후 혼란에 빠질 수밖에 없는 상태였다. 이스라엘을 이끌고 홍해의 기적을 맛볼 때 선두에 섰던 모세 뒤를 잇는다는 것은 너무도 부담스러운 일이다. 하지만 하나님께서는 이런 여호수아에게 다음과 같이 말씀을 주셨다.

> 이 율법책을 네 입에서 떠나지 말게 하며 주야로 그것을 묵상하여 그 안에 기록된 대로 다 지켜 행하라 그리하면 네 길이 평탄하게 될 것이며 네가 형통하리라(수 1:8)

하나님께서는 여호수아를 홀로 두지 않으시고, 율법책을 입에서 떠나지 말게 하며 주야로 그것을 묵상하라고 말씀하셨다. 그리고 "그 안에 기록된 대로 다 지켜 행하라"고 하신다. 주신 말씀을 지키기만 하면 길이 평탄하고 형통을 누린다는 이야기는 부담을 주는 이야기가 아니라, 복을 누리는 비결이 담긴 이야기다.

말씀을 묵상하는 시간은 나를 세우고 세상을 향해 전진할 수 있는 동력을 만드는 시간이다. 말씀은 나의 고갈된 영적 체력을 채우는 연료와도 같아서 움직일 수 있는 동력을 마련해 준다. 또한 입술에서 말씀을 되뇌는 행위를 통해 세상 것에 빠지지 않는 집중력을 길러 주고, 기록된 대로 지키는 자에게는 복이 있기에 늘 기쁜 마음으로 할 수 있다.

이처럼 말씀 묵상은 나의 공간을 하나님으로 가득 채우는 시간이다. 우리는 말씀을 먹음으로써 말씀이신 그리스도를 알게 되고, 하나님께서 바라시는 세상의 모습을 알게 된다. 결국 이 같은 몸부림은 세상에 대응하기 위한 충전의 시간으로 사용되는데, 하나님의 백성은 이러한 시간을 마련하는 것이 급선무다. 인간이 육신의 공급 없이는 살 수 없듯이, 영혼의 공급을 얻기 위해 말씀으로 공간을 채우는 일은 반드시 필요하다. 이 같은 삶의 훈련이 반복된다면, 하나님의 역사하심을 삶의 자리로 채우는 일을 경험하게 될 것이며, 하나님의 인도하심을 실제화시키는 역사를 경험하게 될 것이다.

그러므로 하나님의 백성이라면 세상의 공격 앞에 생존을 넘어 생명력 있는 발걸음을 위해, 말씀으로 공간을 채우는 노력을 해야 한다. 놀랍게도 이와 같은 일을 계속하는 자에게는 하나님께서 주시는 놀라운 은혜가 있고, 영적 성장이 선물로 주어진다.

| 말씀으로 공간을 채운다는 것 |

말씀으로 공간을 채운다는 것은 질서를 부여하시는 하나님의 역사를 경험하는 일이다^{창 1장}. 태초에 하나님께서 말씀으로 공간에 질서를 부여하셨을 때, 그곳은 생명력이 넘쳐 꽃 피우게 되었고, 하나님께서도 그 공간 보시며 기뻐하셨다. 사실 내가 사는 이 세상의 시작이 어떻게 출발하게 되었는지를 조금만 생각해 보면, 말씀 묵상의 중요성을 단번에 알 수 있다.

> 태초에 하나님이 천지를 창조하시니라(창 1:1)

사실 이 성경 구절을 읽으면 모든 생각이 정리된다. 창조주 하나님의 놀라운 섭리를 그대로 드러내는 구절로, 유일하신 하나님이 세상을 통치하신다는 것을 드러내는 구절이기 때문이다. 헤르만 바빙크^{Herman Bavinck}는 "하나님의 경륜의 시행은 창조로 시작한다. 창조는 하나님의 전체 계시의 시초이자 토대이며, 따라서 모든 종교적 삶과 윤리적 생활의 근본이기도 하다."고 했다.[1] 바빙크

1　Herman Bavinck, *Gereformeerde Dogmatiek* (Kampen: J.H. Kok, 1895): 박태현 역, 『개혁교의학 2』 (서울: 부흥과개혁사, 2011), 511.

의 말대로 이 땅을 사는 성도에게 창조는 하나님께서 보이시는 가장 중요한 계시이자, 하나님의 살아계심을 인지하는 가장 중요한 사실이다. 또한 바빙크는 "창조론은 하나님의 광대함, 전능, 위엄과 동시에 선하심, 지혜, 사랑을 드러내기에, 믿음을 확고하게 하며, 하나님에 대한 신뢰를 확증하며, 고난 중에 위로를 준다."고 했다.[2] 결국 하나님께서 이 땅을 창조하셨다는 사실 자체가 하나님의 위대하심을 드러내는 일이자, 참된 위로를 주는 말이다.

나는 하나님의 은혜로 미국에서의 1년 동안 안식년을 가졌다. 여러 곳을 여행하면서 하나님의 역사에 대해 감탄했는데, 그중에서도 단연 압권은 그랜드 캐니언Grand Canyon을 방문한 일이었다. 나의 눈앞에 그랜드 캐니언이 펼쳐진 순간 아무 말을 할 수 없었다.

'도대체 이 협곡은 어떻게 생겨난 것일까.'

이 협곡이 저절로 생겼다는 것을 믿으라는 것이 훨씬 더 힘든 일이다. 도저히 인간이 기획할 수도 없고, 만들 수도 없는 장소이기에, 하나님의 창조가 얼마나 실재적인지를 알게 됐다. 이처럼 자연을 보며 하나님의 살아계심을 아는 일반 계시의 영역도 중요하지만, 성경을 통해 현현하시는 하나님을 아는 특별 계시는 훨씬 더 중요하다. 하나님께서는 말씀을 통해 자신의 존재와 역사하심

---

2 Herman Bavinck, 『개혁교의학 2』, 512.

을 보여주셨기에, 하나님의 말씀은 하나님의 살아계심과 역사하심을 알 수 있는 본질 그 자체다.

그렇다면 하나님을 알기 위해 어떤 방법을 사용해야 삶의 공간을 하나님으로 채울 수 있을까? 내 삶의 공간을 하나님으로 채울 방법은 세 가지로 정리할 수 있다. 먼저는 개인 경건 생활이다. 일명 큐티$^{Quiet\ Time,\ QT}$로 불리는 말씀 묵상이다. 다음은 소그룹 성경 공부$^{Group\ Bible\ Study}$다. 말씀을 통해 소그룹을 형성해 하나님의 말씀을 배우고, 서로 나누며 성장하는 방법이다. 마지막으로 예배^{Worship}를 통해서다. 예배는 설교자의 설교를 통해 하나님의 뜻을 발견하게 되고, 하나님께서 바라시는 삶으로 채우는 시간이다. 물론 이 외에도 강의 등을 통해 하나님의 말씀을 배울 수 있지만, 삶에 말씀을 체화하기 위해서는 기본적으로 세 가지 방법이 정기적으로 이뤄져야 한다. 보통은 말씀 묵상을 꾸준히 하는 사람이 소그룹을 통해 자기 정체성을 회복하려 하고, 예배의 자리로 나아가 전심으로 예배드리려는 마음이 들기 때문이다.

건강한 신앙생활을 하기 원한다면, 세 가지가 함께 유기적으로 살아나야 한다. 혹시 주님을 처음 알았을 때, 소그룹을 통해 은혜받았던 경험이 있는가. 분명 하나님 말씀을 잘 몰라도 소그룹 내에서 공감대가 형성되어 반응했던 경험이 있을 것이다. 그곳에서 자신도 모르게 시작된 자기 고백은 자신도 모르게 눈에 눈물을 쏟게 했을 것이다. 이것은 소그룹을 통해 성장하는 사람이 누리는 기쁨이다.

예배도 마찬가지다. 말씀을 잘 몰라도 선포하시는 목사님의 설교 말씀을 들으며, 고개 끄덕이면서 공감했던 적이 있었는가. 그렇다면 자신도 모르게 그 말씀을 기억하고 싶었을 것이고, 이것이 한 주간을 버티는 삶의 자리라 생각되어 기대하는 마음으로 참여하게 된다.

그런데 말씀 묵상은 제대로 배우지 않으면, 정말 쉽지가 않다. 특히 코로나 이후 개인 신앙생활을 지키는 데 있어서 말씀 묵상은 선택이 아닌 필수가 되었다. 가치 혼돈을 조장하는 세상은 그리스도인이 자기 정체성을 지키는 시간을 기다려 주지 않는다.

에베소서 4장 27절의 "마귀에게 틈을 주지 말라"는 말씀에서 알 수 있듯이, 조금만 빈틈이 보이면 마귀는 그곳에 세상의 사고방식을 넣으려 한다. 그렇기에 더 이상 말씀 묵상을 미룰 수 없다. 결단이 필요한 시간이 그리스도인에게 온 것이다. 나의 모든 공간을 하나님으로 채운다는 다짐은 피할 수 없는 요소가 되었다. 이것은 내 공간의 주인이 하나님이시라는 말이며, 하나님의 통치 안에 살겠다는 진실된 고백이다. 만일 이 고백을 선포하길 소망한다면, 이제는 움직여야 한다. 내 삶의 모든 공간에 하나님의 말씀으로 채우는 일보다 값진 일은 없다.

| 그리스도인이 가져야 할 미라클 모닝(Miracle Morning) |

오늘도 현대인들은 바쁜 하루를 산다. 하루를 행복한 마음으로 시작하고 싶으나, 실상은 그렇지 않다. 아침잠을 이기는 것이 쉽지 않기에, 오죽하면 미라클 모닝이라는 말이 유행했을까.[3] 사실 조금만 생각해 보면, 미라클 모닝은 새로운 것이 아니다. 성공한 사람들의 습관을 보면, 새벽을 깨우는 사람들의 이야기는 부지기수不知其數다. 왜냐하면 새벽 시간을 활용하지 않으면 바쁜 일상 속에서 집중할 시간을 만들기가 힘들기 때문이다.

그런데 이 같은 새벽 시간을 활용하는 것은 성도들의 신앙에도 큰 영향을 미쳤다. 신앙의 선배이신 부모님 세대들은 개인과 가정, 교회와 나라를 위한 기도를 위해 새벽 시간을 하나님 나라 확장을 위해 기도하는 시간으로 가졌다.

새벽기도는 한국교회의 영성을 지키는 은혜의 시간으로, 부모님께서 오랜 신앙생활을 하신 분이라면 "새벽 제단을 쌓으셨다"는 말을 들어봤을 것이다. 그만큼 새벽 기도는 영적인 무장과 하나님 나라 확장을 위해 준비하는 시간으로, 지금도 교회를 지탱하는 근간이다.

그런데 문제는 여전히 새벽기도를 체질화하는 것이 어렵다는 점이다. 영성은 습관으로부터 시작되기에 새벽기도를 권면하고, 훈련하는 시간이 필요하다. 그런데 실상 교회마다 새벽기도에 출석하는 분들을 보면, 영혼의 목마름이 있는 분들과 나이 지긋하신

---

3 매일 아침 같은 시간에 독서, 명상, 운동, 영어 공부, 재테크 등 일정한 개인의 습관을 갖추는 것을 많은 사람들은 '미라클 모닝'이라고 부른다.

어른들이 대부분이다.

분명 새벽기도는 한국교회 부흥을 이끌었던 영성 훈련의 장이자, 개인과 교회를 세우는 힘의 근간이다. 그러나 밤이 길어진 젊은이들이 새벽기도를 통해서만 영성 훈련을 시키기에는 어려움이 있다. 그래서 함께 훈련해야 할 부분이 말씀 묵상이다.

현대인의 삶을 보면, 피곤을 이기지 못하고 아침잠을 이기지 못한 채 학교로, 직장으로 달려가는 모습이 다반사다. 어쩌면 눈을 뜨자마자 자기 일을 해야 하기에, 정신 차리지도 못한 채 다가오는 파도를 견뎌야 할 때가 많다. 사실 세상의 파도는 갈수록 만만치 않다. 주님이 함께 계셨음에도 불구하고 풍랑 앞에 주님이 주무신다고 두려워했던 제자들처럼, 아침부터 몰아치는 거센 파도에 아무 준비 없이 아침을 시작하면 넘어지기 쉽다. 분명 선배 신앙인들이 새벽기도로 새벽을 깨워 하루를 시작한 데는 이유가 있다. 그런데 이와 같은 준비가 없는 상태로 일을 하다 보면, 영적 정체성을 지키는 것은 너무도 어렵다.

그러므로 어떻게든 말씀 묵상을 통해 자신을 채우고, 기도를 통해 하나님과 교통하는 새벽과 아침을 만들어야 한다. 자신의 영혼이 소성되고, 영적 정체성을 체계적으로 준비하기 위해 반드시 필요하다. 만일 이 시간을 온전히 말씀과 기도로 준비할 수 있다면, 그 사람은 누구도 상상할 수 없는 '미라클 모닝'의 주인공으로 하루를 시작할 수 있다.

이처럼 성도가 누리는 기적은 매일 주시는 영적 공급을 통해 영적 성장을 경험할 때 일어난다. 어린아이와 같은 믿음을 가지고 성장하지 않는 채 살아간다면, 영적 전쟁에서 결코 승리할 수 없다. 말씀의 검을 뽑지도 못하고, 전쟁에서 패배하게 되는 것이다. 말씀 묵상에 대한 강조는 아무리 강조해도 부족하다. 특히 자기 자신이 영적으로 침체기를 겪고 회복이 필요하다면, 더욱더 이 시간을 만들어야 한다.

느헤미야는 성벽 재건이라는 시대적 사명을 위해 힘썼다. 놀라운 사실은 성벽 재건만이 그가 행해야 할 사명이 아니었다는 점이다. 그는 율법을 읽고 회개의 시간을 가짐으로 영적 재건의 중요성을 놓치지 않았다. 이를 위해 수문 앞 광장에 모인 자들은 말씀을 통해 마음의 찔림을 받았고, 목 놓아 울 수밖에 없었다. 결국 그들은 여호와의 성일을 기쁨으로 지키기 위해 힘썼고, 무너진 이스라엘을 재건하기 위해 하나님의 말씀으로 공급을 받았다.

이와 같은 역사는 현대판 수문 앞 광장의 역사로 이어져야 한다. 매일 말씀 묵상을 통해 내 안에 변화돼야 할 부분이 무엇인지를 발견하고, 목 놓아 부르짖는 시간을 가지는 것은 양보할 수 있는 일이 아니다. 분명 하나님께서는 이와 같은 시간을 통해 은혜의 강수를 흐르게 하실 것이며, 영적 재건의 역사가 완공되는 시간으로 우리를 인도하실 것이다.

현대판 수문 앞 광장의 역사를 경험하고 싶다면, 말씀 묵상과 기도의 시간을 가져야 한다. 반복된 훈련을 통해 체질화된다면, 그 누구도 경험하지 못하는 놀라운 일의 주인공으로 시대 앞에 쓰임 받게 된다"는 8:1-12. 말씀과 기도로 준비하는 미라클 모닝, 나를 바로 세우고, 살리는 영적 재건을 위한 은혜의 시간이다.

| 생존을 넘어 생명력 있는 발걸음을 위해 |

자라나는 아이가 밥을 어떻게 해결하는지를 보면 성장에 대해 쉽게 이해할 수 있다. 아기 때는 엄마 젖으로 자기 배를 채우다가, 어린이가 되면 스스로 숟가락 젓가락질을 하며 밥을 먹는다. 숙달되지 않아 서툴 수 있지만, 하는 방법을 알려주고 식탁에 앉은 사람들의 모습을 보라고 알려주면, 아이는 자연스럽게 숟가락질과 젓가락질하는 모습을 천천히 습득한다.

나는 미국 생활 중 수영을 가르치는 부모의 모습에 충격받은 적이 있다. 3살도 안 된 아이를 아무 장비 없이 물 위로 던지는 것을 보았다. 놀라운 사실은 이 아이는 울지도 않았고, 오히려 해맑게 웃으며 점점 더 물에 익숙해졌다는 것이다. 그뿐이 아니다. 어릴 때부터 아이들은 트레일하는 것을 두려워하지 않는다. 간단한 장비만 갖춘 채 씩씩하게 걷고 뛰는 아이들을 쉽게 찾아볼 수 있다. 그 순간 과연 내 아이를 그동안 어떻게 키웠나 생각해 보게 되었다. 물론 지금 생각해 봐도 그 부모의 가르침은 강했다. 하지만 두려움을 이겨 낸 아이들은 수영하는 법, 트레일하는 법을 자신의 취미로 삼았다.

영어를 배우는 것도 비슷했다. 우리 아이들이 미국 생활에서 사용했던 구문 중 "No way", "Guess what, guys"라는 표현은 내가 학교 다니면서 책을 통해 배운 표현이 아니다. 그냥 친구들과 대화하며 자연스럽게 익힌 영어는 아이들의 입에 붙었고, 자연스럽게 영어 울렁증을 극복하게 됐다.

말씀 묵상도 마찬가지다. 말씀 묵상에 대해 두려움을 갖는 분들이 계신다. 제대로 안 해 봤는데 어떻게 하냐는 것이다. 물론 이렇게 말씀하시는 분들의 심리 상태를 이해하지 못하는 것은 아니다. 해보지 않은 일에 대해 두려움을 느끼는 것은 당연하다. 하지만 말씀 묵상은 두려움을 느끼는 시간이 아니라 영적 공급을 받는 시간이다. 하나님의 말씀을 어떻게 먹어야 하는지 배운 적이 없다고 두려워할 일이 아니다. 지금부터 시작하면 된다.

마치 어린아이가 생존을 위해 밥 먹는 연습을 하는 것처럼, 수영을 배우기 위해 물에 적응하는 시간을 가지는 것처럼, 어렵게 느껴진 트레일 코스를 밥 먹듯이 행하는 것처럼, 아이들이 놀면서 영어를 터득하는 것처럼, 일단 시작해 보면 된다. 혼자 하는 것이 힘들다면 같이 하면 되고, 그런 시간을 보내면서 스스로 밥 먹는 법을 터득할 수 있다면, 이보다 기쁜 일은 없다.

한 영혼이 생존을 넘어 생명력 있는 발걸음으로 나아가기 위해서는 두려움과 선입견을 떨쳐 버리고, 말씀을 곱씹는 반복적인 훈련이 필요하다. 반복적인 훈련을 통해 방법을 배우는 것도 좋고, 그냥 놀이라고 생각하고 습관화시키는 것도 좋다. 중요한 것은 두려움 없이 이 일을 지금 시작하는 것이다. 분명 지금의 시작은 나로 하여금 세상 속에서 생존하는 수준을 뛰어넘어, 많은 이들과 함께 증인 된 삶을 꿈꾸는 사명자로 나아가게 할 것이다.

나는 청년 시절 공동체에서 말씀 묵상하는 법을 배웠다. 이를 PBS$^{Personal\ Bible\ Study}$라고 했는데, 당시에는 그것이 중요한지도 모르는 채 그냥 했다. 정확히 하는 법을 몰랐기에 목사님이 알려주시는 대로, 다른 역본을 비교하면서 밑줄도 긋고, 색깔 볼펜으로 표시하면서 읽었다. 지금 생각해 보니, 당시의 배움은 영적 생존을 위해 가장 기초적이면서도, 핵심을 배우는 시간이었다.

하나님의 백성으로 하나님을 알고 싶어 하는 열망과 말씀을 깨닫고 싶은 열정이 있다면, 참으로 소중한 일이다. 요즘처럼 다양한 매체를 통해 세상의 유혹이 많은 시대에 하나님을 알고 싶어 하는 열망이 있다는 것은 귀한 일이다. 이 책을 통해 다시 한번 말씀 묵상의 세계로 천천히 나아가길 소망한다.

천천히 읽으면서 그대로 행하다 보면, 분명 그리스도인이 세상에 대응하기 위한 영적 무기를 장착하는 기쁨을 누릴 것이다. 열린 마음으로 한 걸음씩 제시하는 것들을 따라가면, 성장의 기쁨은 물론이요, 많은 이들이 함께 변화되는 생명력 넘치는 삶이 무엇인지를 경험하게 될 것이다. 생존을 넘어 생명력 있는 발걸음의 시작을 시작하자. 그 놀라운 세계가 당신을 기다리고 있다.

| 평범함을 비범하게 사용하시는 하나님 |

최근 모 집사님께서 내게 어떻게 말씀 묵상한 것을 성도들과 나누게 되셨냐고 물으셨다. 말씀 묵상을 개인적으로 꾸준히 했었지만, 사람들에게 묵상한 내용을 매일 나누게 공유하게 된 것은 2018년 제자 훈련 중에 일어났던 일 때문이었다.

당시 섬기던 교회에서 레위기 묵상을 할 때였다. 주변에서 많은 분이 "목사님, 레위기 묵상이 언제 끝나요?"라는 질문을 주셨다. 사실 개인적으로는 레위기를 성도들과 함께 묵상할 수 있어서 행복했다. 익숙하지 않지만, 구약의 제사법을 통해 우리가 드리는 예배에 대해 생각해 보는 기회가 생겼기 때문이다. 물론 그렇다고 본문을 연구하는 것이 쉬웠다는 이야기는 아니다. 설교자는 새벽 예배 연속 설교의 어려움을 토로했고, 성도들은 성도들대로 레위기 묵상 자체가 어렵다고 포기하는 일이 많았다.

이런 질문은 한 때 말씀 묵상 잡지를 만들었던 사람에게는 큰 부담이다. 레위기 묵상을 시작했으니 끝은 내야 하는데, '어렵다'고 형성된 분위기를 바꾸는 것은 정말 쉽지 않은 일이었다. 나는 그때 말씀 묵상을 꾸준히 하지 못하게 하는 최대의 적이 '어렵다'는 인식임을 알게 됐다. '본문 내용을 이해하기 어려워요', '어떻게 묵상해야 할지 모르겠어요'라는 반응은 정말로 사람을 난감하게 만든다.

그때 말씀을 묵상하다가 무엇이라도 해봐야 하지 않겠냐는 생각이 들었다. 그래서 개인적인 결단과 적용으로 말씀을 나누는 공간을 만들어 제공해 보자는 생각이 들었다. 이를 통해 시작한 것이 《파워보이스의 묵상 공간》이다. 처음에는 카카오톡, 페이스북 등을 이용하다가, 지금은 네이버 블로그와 유튜브의 "모닝메시지"라는 사역으로 확장되었다. 물론 이 일을 하는 것도 만만한 일은 아니다. 말씀 묵상의 어려움을 토로하는 분들을 위해 시작했으나, 그러다 보니 지금도 쉬지 않고 이 일을 하고 있다.

이런저런 상황 때문에, '잠깐 쉴게요'라는 말을 하고 싶을 때도 있었다. 국외 세미나 및 단기 선교, 안식년 등 시차가 달라서, 조금 쉬겠다는 말을 하고 싶기도 했다. 하지만 말씀 묵상 자체가 내게도 기쁨이었고, 가능하면 이 사역에 Stop Sign을 넣기 싫어서 지금까지도 하고 있다.

언제까지 할 수 있을지는 주님만이 아신다. 하지만 하나님께서는 이 사역을 통해 일어나는 놀라운 역사를 경험하게 하셨다. 그동안 회복과 부흥의 역사가 말씀을 통해 일어난다는 것을 알았지만, 자발적으로 시작한 말씀 묵상이 나를 먼저 살렸고, 내가 잘 알지 못하는 사람들에게도 그 영향이 흘러갔으며, 지금의 교회 개척을 위한 나의 물맷돌이 되었다.

이 공간은 낙심했던 자, 예수님을 몰랐던 자, 신앙생활이 힘들었던 자, 초신자 등에게 말씀 묵상의 장벽을 낮추는 장치가 되었다. 함께 묵상하던 사람들이 또 다른 누군가에게 말씀을 전하고 싶을 때, 쉽게 나누는 좋은 도구가 되었고, 복음 전도에도 귀하게 쓰일 수 있다는 사실과 영어권에도 전달할 수 있음을 보며, 참으로 가슴을 뜨겁게 했다.

나는 특별한 글쓰기 재주가 있지 않다. 좋은 문장을 쓰는 사람도 아니고, 사람들 마음에 닿는 표현도 잘 알지 못한다. 그저 말씀 묵상을 사랑하는 사역자로 '솔직하고 진실되게' 마음에서 우러나오는 표현을 쓸 뿐이다. 그런데 뭐라도 해보자는 심정으로 시작한 일에 하나님께서 반응하셨다. 결국 하나님께서는 나의 꾸준함을 특별하게 사용하셨고, 이를 통해 하나님께서 계획하신 일들을 이루는 도구로 활용하셨다.

지금도 나는 매일 주신 말씀을 읽고 생각을 정리하고 나누는 일을 한다. 말씀 자체가 위대하기 때문에, 이 행위 자체만으로도 하나님께서 하시는 놀라운 계획에 동참할 수 있음이 자랑스럽다. 또한 지금까지 기록해 왔던 것들이 쌓이면서, 누군가에게 도전을 주는 기폭제 역할도 하는 계기가 되길 기도해 본다.

사실 지극히 평범한 일이다. 그런데 그 평범함을 사용하시는 하나님께서 특별하시기에, 우리가 하는 말씀 묵상은 위대하다. 오늘도 이와 같은 역사를 행하실 주님을 기대하며, 믿음으로 하루를 살아 보자. 역사하실 하나님께서 분명 좋은 것으로 채우실 것이며, 영적으로 더 자라게 하실 것이다.

공간 채우기

1. 내 삶이라는 공간에 말씀을 채워 넣어야 하는 이유는 무엇입니까? "말씀 묵상은 생존을 넘어 많은 이들을 살리는 일"이란 사실을 보며 무엇을 느낍니까?

2. "나의 평범함을 사용하시는 하나님께서 특별하시기에 우리가 하는 말씀 묵상은 위대하다"는 말에서 무엇을 느낍니까? 지금도 일하시는 하나님의 역사에 동참하기 위해 무엇을 결단하겠습니까?

02

말씀 묵상에 대한 정의와 오해

말씀 묵상을 할 수 있다는 것이 은혜다. 말씀 묵상은 바벨론과 같은 세상에서 버티는 힘을 주고, 그리스도인으로서 정체성을 지키는 토대를 마련한다. 그러므로 말씀 묵상이 정확하게 무엇인지를 깨닫고 토대를 바로 세우기 위한 노력은 너무나 중요하다. 그렇다면 왜 성도에게 있어서 말씀 묵상이 중요하고, 또 말씀 묵상을 바르게 하기 위해 어떤 마음으로 해야 할지 함께 생각해 보자.

| 하나님과의 만남을 준비하라 |

말씀 묵상이란 "성도가 성경을 통해 하나님과 개인적, 인격적,

정기적으로 만남을 가지는 것"이다.[1] 여기서 성도는 그리스도를 영접한 자로 하나님의 택함 받은 백성을 의미하는데, 성경을 하나님의 말씀으로 인정한 사람이다.

"성경은 당연히 하나님의 말씀이지 않은가?"라고 질문할 수 있다. 그리스도인이라면 이런 질문을 하는 것이 정상이다. 하지만 성경을 하나님의 말씀이라 인정하지 않는 분들이 분명 있다. "구약은 믿는데 신약은 믿지 않는다"라는 유대인식 사고를 하는 분들도 있으며, "신약은 믿는데 구약은 이스라엘 백성의 역사 아니냐"고 말하는 분들도 있다. 존 스토트 John Stott 는 "서구 여러 국가에서뿐 아니라 교회 안에서도 성경의 권위가 실추되는 것을 지켜보는 일은 참으로 고통스럽다"라고 했다.[2] 이런 분들에게 성경이 하나님의 말씀임을 고백하게 하고, 인정하게 하기 위해서는 하나님의 전적인 은혜가 필요하다.

이제 성경을 하나님의 말씀으로 인정한 성도는 성경을 통해서 하나님을 알고, 기도를 통해 하나님의 뜻을 분별한다. 바로 그 순간 성령의 임재를 경험하며 하나님과의 만남을 경험하게 되는 것이다.

---

1 국제제자훈련원 출판부, 『큐티학교 인도자 지침서』 (서울: 국제제자훈련원, 2014), 8.
2 John Stott, *The Bible: A book Like No Other* (London: Inter-Varsity Press, 2019); 정옥배·한화룡 역, 『성경 비교할 수 없는 책』 (서울: IVP, 2021), 27.

하나님과의 만남은 너무도 중요하다. 인간이 사람을 자연스럽게 만나 서로 교제할 때, 자주 만나 교제하면 더욱 친해지듯 하나님과의 만남도 이와 같아야 한다. 그래서 하나님과의 만남을 준비함에 있어서 기억해야 할 것은 개인적, 인격적, 정기적인 만남이 돼야 한다는 것이다. 먼저 '개인적'이란 하나님과의 일대일 교제를 뜻한다. 사람과의 관계에서도 여러 사람과 함께 만나서 할 수 있는 이야기가 있고, 일대일로 만나서 해야 하는 이야기가 있다. 이미 소그룹과 대그룹 예배를 통해 하나님과 만나는 성도라면, 하나님과 더욱 친밀한 관계를 형성하기 위해 일대일 만남을 위해 준비해야 한다.

다음으로 '인격적'이란 말은 하나님과의 만남을 통해 인간 성품 및 태도의 변화가 일어나야 한다는 뜻이다. 하나님께서는 한 영혼과의 수박 겉핥기식의 만남을 원하지 않으신다. 하나님께서는 인격적 만남을 통해 한 영혼의 회복과 사명이 되살아나기를 바라신다. 비록 내 모습이 아버지 유산을 탕진한 둘째 아들과 같을지라도, 하나님께서는 그런 한 영혼도 사랑하시고 기다리시는 분이시다.

성도는 하나님과의 인격적인 만남 없이 살 수 없다. 늘 자신의 사명을 점검하고, 비전을 확인하면서 내가 누구이고 어떻게 사는 게 그리스도인의 삶인지를 알 수 있어야 한다. 바로 이런 것을 깨달을 때, 말씀 묵상을 통한 하나님의 깊은 만남이 이뤄지게 된다. 만남과 동행이 주는 기쁨을 경험해 보자. 힘이 없어 눈물 밖에 나오지 않으려 할 때, 말씀이 주는 힘을 느껴보자. 자기 스스로 혼자가 아니라는 사실을 깨닫는 것만으로도, 다시 살 소망을 얻게 된다.

마지막으로 하나님과의 만남은 '정기적'이어야 한다. 하나님께서는 당신과의 만남을 기다리신다. 내가 어떤 상황에 거하더라도, 가장 우선해야 할 것은 하나님과의 만남이다. 다니엘이 항상 정해진 시간에 기도함으로 나갔던 이유를 살펴보자.

> 그들이 왕 앞에서 말하여 이르되 왕이여 사로잡혀 온 유다 자손 중에 다니엘이 왕과 왕의 도장이 찍힌 금령을 존중하지 아니하고 하루 세 번씩 기도하나이다 하니(단 6:13)

다니엘은 왕보다 왕의 도장이 찍힌 금령보다 하나님을 존중했다. 그는 하나님을 존중하는 마음이 컸기에 자신의 목숨보다 하나님과 만나는 시간을 사수했다. 하나님과의 약속 시간을 자기 정체성을 지키는 시간으로 여겼던 다니엘은 약속된 시간에 하나님을 만나는 자리로 나아갔다. 이처럼 다니엘은 자신의 생명이 하나님께 달려 있음을 알았기에, 하나님과 만나는 시간을 가장 소중히 여겼다. 오늘을 사는 성도라면 이 부분을 깊이 생각해야 한다. 다니엘이 그렇게 살았기에, 우리도 다니엘처럼 살자는 뜻이 아니다. 하나님과의 만남을 소중히 여겼던 다니엘처럼, 나는 얼마나 하나님을 사랑하고, 하나님과의 만남을 갈망하는지 살펴야 한다는 뜻이다.

이처럼 말씀 묵상의 꾸준함을 누리는 사람들은 하나님과의 교제를 통해 특별한 일들을 경험했다. 이것은 제자들의 모습을 통해서도 알 수 있는 부분이다. 누가복음 24장 32절에서 부활하신 예수님께서 자신들에게 성경을 풀어주셨을 때, 마음이 뜨거워졌다고 고백했다.

> 그들이 서로 말하되 길에서 우리에게 말씀하시고 우리에게 성경을 풀어 주실 때에 우리 속에서 마음이 뜨겁지 아니하더냐 하고 (눅 24:32)

이것은 주님께서 성경을 열어서(디아노이고, διανοίγω) 그들의 마음을 태웠다(카이오, καίω)는 뜻이다. 죽었다고 생각했던 주님이 직접 말씀의 성취를 이루셔서 하나님의 말씀을 풀어주셨기에, 마음에 열정이 샘솟게 됐다는 뜻이다. 그야말로 오늘을 사는 내 가슴도 뛰게 하는 표현으로, 왜 우리가 말씀 묵상을 해야 하는지 정확히 보여주는 장면이다.

말씀 묵상은 우리의 가슴을 뜨겁게 한다. 아무 감정 없는 상태에서도 가슴을 불 지피는 뜨거운 열정을 맛보게 하며, 생명력 넘치는 공동체를 만드는 원동력이 된다. 그러므로 시대와 상관없이 말씀 묵상은 계속돼야 한다. 말씀이 육신이 되어 우리 가운데 거하신 예수님께서 오늘도 말씀을 통해 우리 가운데 임하신다. 그러면 우리의 반응은 다음과 같다. 뜨거운 마음을 가지고 말씀 묵상하는 데 집중하는 믿음의 사람이 되자. 뜨거워진 가슴을 가지고 하나님과의 만남을 위해 집중한다면, 기적을 성취하는 역사의 주인공이 될 것이다.

| 곰탕과 두발자전거 이론 |

말씀 묵상은 몸에 좋은 사골국물을 우려내는 과정과도 같다. 하나님과의 깊은 만남을 사모하는 사람일수록 깊은 맛을 맛보고 싶어서 반복적으로 이 일을 하게 된다. 또한 예수 그리스도의 온전한 제자라는 정체성을 지켜내기 위해서라도 이 일은 계속돼야 한다. 그런데 말씀 묵상에 대한 뜨거움을 매일 느끼면서 살면 좋지만, 사람마다 말씀 묵상을 어려워하는 경우가 있다. 여기에는 말씀 해석을 하지 못해서 어려워하는 사람, 말씀 읽는 것 자체가 습관이 되지 못해서 힘들어하는 사람, 말씀 묵상하는 것 자체를 부담스러워하는 경우 등 그 이유도 각양각색이다.

성도들 가운데 말씀 묵상을 사모하지만, 그럼에도 불구하고 어려워하는 경우의 대부분은 '익숙하지 않아서'라는 이유로 정리된다. 말씀 묵상은 너무 사모하지만, 매일 하나님과 교제하는 시간을 만든다는 것이 습관이 되지 않는 자에게는 익숙하지 않음보다 큰 어려움은 없다.

그런데 가끔 말씀 묵상 자체의 필요성 여부를 논하는 자들도 있다. 어떤 분은 성경 통독만으로도 경건 생활하는 데 충분하다고 주장한다. 하지만 말씀 묵상과 성경 통독은 대립(對立)이 아닌 양립(兩立)되어야 한다. 성경의 큰 그림을 그리려면 성경 통독은 필수다. 성경 전체가 말하고자 하는 것이 무엇인지를 각 권별로 정리한 후, 성경이 예수님을 어떻게 말하려고 하는지를 깨달으려면 성경 통독은 반드시 해야 한다.

말씀 묵상은 성경 통독과는 다른 차원에서 필요하다. 성경 각 구절마다 담긴 의미를 해석하고 하나님과의 깊은 만남을 추구하기 위해, 말씀 묵상은 반드시 행해져야 한다. 예를 들어 에스라 3장 1절에 기록된 내용을 살펴보자.

> 이스라엘 자손이 각자의 성읍에 살았더니 일곱째 달에 이르러
> 일제히 예루살렘에 모인지라(스 3:1)

성경 통독만 할 경우에는 이스라엘 자손이 각자 성읍에 살다가 일곱째 달에 모였다는 사실만이 눈에 들어올 뿐이다. 그런데 여기서 눈에 보이는 표현 하나가 있는데, 그것은 "일제히"라는 표현이다. NIV 성경에서 이 단어는 "as one man"이라고 표기했다. 비록 이스라엘 자손이 포로 귀환 후 살기 위해 흩어져서 살았지만, 예루살렘에 나와 하나님께 예배를 드리려고 할 때의 모습은 "한 사람(as one man)처럼" 질서 있고, 하나 된 공동체의 모습으로 나왔음을 확인할 수 있다. 이것은 말씀 묵상을 하는 사람만이 느끼는

것으로, 말씀 안에 숨겨진 의미를 깊은 묵상을 통해 발견함으로써, 오늘 하루 내가 속해 있는 공동체를 위해 어떤 마음으로 나아가야 할지에 대한 생각을 보는 계기가 된다.

물론 이와 같은 말씀 묵상이 쉽지 않기에, 많은 이들이 힘들어한다. 사실 말씀 묵상을 쉽지 않게 여기는 것은 당연한 일이다. 말씀 묵상을 잘하기 위해서는 이런 두려움의 문턱을 낮추는 작업이 필요하다. 마치 두발자전거를 처음 타는 아이가 겪는 어려움과 비슷하다. 사람들은 두발자전거를 자녀에게 가르치기 위해 다양한 방법을 사용한다. 보통 두 손으로 안장을 잡은 채, 자녀 스스로 중심 잡기를 바란다. 그런데 이렇게 가르치는 것은 쉽지 않다. 많은 아이들은 부모의 손이 떨어지는 순간, 두려움을 느낀다. 넘어질 수 있다는 두려움이 두발자전거 타기를 어렵게 만드는데, 그래서 두발자전거를 가르칠 때 중요한 것은 처음부터 혼자 터득할 수 있도록 가르치는 것이다.

가장 먼저 필요한 훈련은 중심 잡는 훈련이다. 자전거에 앉아서 두 발로 땅을 미는 훈련이 우선돼야 한다. 두 발로 땅을 민다는 것은 죽이 되든 밥이 되든 '한번 해보겠다'는 의지를 드러내는 단계다. 그러다가 중심이 잡히면, 가파르지 않는 내리막 경사로 장소를 이동해 혼자 타게 하는 것이다. 이것은 스스로 중심 잡는 훈련을 하게 만드는 것과 같다. 바로 이 순간 아이는 방향만 틀어지지 않으면 넘어지지 않는다는 사실을 몸으로 익힌다. 이렇게 중심 잡는 연습이 완료되면, 평지로 이동해 페달을 굴리게 한다. 여기서 페달 굴리는 다리에 힘이 붙는 순간 두발자전거 타기가 완성된다.

　말씀 묵상도 동일하다. 처음에는 왜 해야 하는지에 대한 동기부여가 중요하다. 이것은 중심 잡는 훈련을 하는 것과 같다. 내가 왜 해야 하는지를 명확히 인지한다면, 중심 잡는 단계에서 포기하는 일은 없다. 그다음으로 내리막 경사에서 중심 잡기 훈련을 해야 하는데, 목회자가 강의를 통해 말씀 묵상하는 방법을 알려주면 훨씬 더 편하게 적응할 것이다. 또한 이 단계에서 성경만 가지고 묵상하는 것이 쉽지 않기에 많은 사람과 같은 본문으로 함께 묵상할 수 있는 말씀 묵상 잡지를 활용하는 것은 매일 빠지지 않고 말씀 묵상하는 효과를 경험하게 된다, 마치 페달 굴리는 효과와 같이 다리에 근력이 붙는 효과와 같은 묵상하는 힘이 붙음을 경험하게 된다.

　말씀 묵상을 어렵게 여기는 것은 숙달되지 않은 데서 오는 편견이다. 하지만 조금씩 훈련하고 익숙해지면, 자신도 모르는 사이에 자전거를 혼자서도 탈 수 있는 즐거움을 누린다. 만일 말씀 묵상을 혼자 하기 어렵다면, 말씀 묵상하는 모임을 만들어 함께 할 수 있도록 하는 것도 방법이다. 자전거도 함께 타는 이들이 있을 때, 오랫동안 자전거 타는 기쁨을 누리듯이 말씀 묵상도 마찬가지다. 서로 자신이 생각한 말씀 묵상을 함께 나누고 실천한다면, 하나님께서 바라시는 놀라운 역사 안에서 함께 성장하는 모습을 만나게 될 것이다.

　하나님의 말씀을 나의 공간에 채워 넣는 작업은 창조와 같은 신비로운 작업이다. 두려움이 앞서 말씀의 곱씹는 맛을 느끼지 못하는 것보다 안타까운 일은 없다. 결국 익숙하지 않음에서 오는 두려움을 떨쳐 버리고, 하나님께서 주시는 은혜에 더욱 사로잡히는 것이 우선된다면 놀라운 일을 경험하게 될 것이다.

하나님께서 주시는 놀라운 은혜는 이미 준비되어 있다. 스스로 자전거를 탈 수 있는 순간 자전거를 타는 희열을 누리듯, 처음 시작하는 순간 말씀 묵상을 통한 놀라운 기쁨을 만끽하게 된다.

 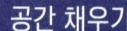 

공간 채우기

1. 말씀 묵상의 정의는 "성도가 성령 안에서 성경과 기도를 통해 하나님과 개인적, 인격적, 정기적으로 만남을 가지는 것"이라고 했습니다. 이를 내 삶의 자리로 적용하기 위해 내가 해야 할 결단이 있다면 무엇인지 생각해 봅시다. 말씀 묵상하는 시간과 공간을 언제, 어디로 할 것인지도 함께 나눠 봅시다.

2. 지금까지 말씀 묵상에 대해 내가 생각했던 오해가 있었다면 무엇이 있는지 나눠 봅시다. 말씀 묵상에 대한 오해를 극복하고 나만의 두발자전거 타기 연습을 위해 무엇을 해야 할지 생각해 봅시다.

03

왜 말씀 묵상을 해야 하는가?

왜 말씀을 묵상해야 할까. 여기에는 저마다 이유가 있다. 그런데 여기서 중요한 것은 일반적인 이유를 찾는 것보다도, 나만의 이유를 찾는 것이다. 누군가로부터 배워 익힌 이유 몇 가지를 알았다면, 자신만의 이유를 만들어야, 하나님의 말씀과 더욱 친밀한 관계를 맺게 된다. 다음에 이야기하는 여러 가지 이유들을 통해, 자기만의 이유를 찾아보자.

| 나만의 이유를 찾다 |

1882년 무디[D. L. Moody]의 케임브리지 대학 초청 집회에서 미국식 발음과 투박한 표현 때문에, 케임브리지 대학 학생들은 무디의 복음 전파를 호의적으로 받아들이지 않았다. 결국 그들은 집회 이

후 무디가 선포한 문장에서 문법적인 오류를 지적했다.[1]

그때 무디가 전한 말은 케임브리지 학생들의 각성을 요구하는 계기가 됐다. "내 문법이 틀린 줄 알고 있습니다만, 나는 내가 알고 있는 모든 문법을 하나님의 영광을 위해 돌리고 있습니다. 당신은 그렇게 잘 알고 있는 문법으로 하나님께 영광을 돌리고 있습니까?" 결국 이 일이 일어난 후에 많은 이들은 경건의 시간을 사모하기 시작했고, 케임브리지 대학 역사상 유례없는 대각성 운동이 일어나 '케임브리지 7인'이 그리스도를 따르기로 했다는 것은 유명한 일화다.[2]

감동적이면서도 경건의 시간에 대한 중요성을 일깨워 주는 이야기다. 하지만 개인적으로 조금 아쉬움이 있다. 말씀 묵상을 통해 직접적인 변화에 대한 일화를 찾기는 쉽지 않았기 때문이다. 결국 내 이야기가 필요했다. 그것이 쌓여야 말씀 묵상을 해야 하는 이유에 대한 당위성을 찾고, 다른 이들에게도 선한 영향력을 끼친다고 생각했기 때문이다.

말씀 묵상을 왜 해야 하는지 자기만의 이유를 찾는 것보다 중요한 것은 없다. 자기만의 이유가 확실해지면, 하지 말라고 해도 하게 된다. 세상에서 제일 무서운 것은 누군가가 말려도 하는 것

---

[1] 김원태, 『큐티리더 누구나 할 수 있다』(서울: 두란노, 2002), 22.
[2] "무디의 캠브리지대학 집회와 캠브리지 7인의 헌신." 복음기도신문. 2012년 7월 15일 수정, 2024년 9월 26일 접속, https://gpnews.org/archives/1310

이다. 자기만의 이유를 찾는 사람만이 이처럼 행동할 수 있으며, 그것으로 충분하다.

말씀 묵상의 당위성에 대해서는 많이들 공감하지만, 자기만의 이유를 찾지 못했기 때문에 말씀 묵상에 대한 자체 중단을 선언하신 분들이 많다. 아무리 그것이 좋다는 것을 알아도, 나만의 이유를 찾지 못하면 그것은 머리로만 지식을 흡수했을 뿐이다.

처음에는 주변 사람의 권면에 의해 시작할 수 있다. 그러나 조금씩 체질화 작업을 갖추게 됐다면 나만의 이유를 찾아야 한다. 나만의 이유가 명확해지는 순간부터, 말씀 묵상의 체질화가 일어나게 될 것이고, 복음으로 사는 인생이 될 것이다.

| 하나님 나라를 이 땅 위에 |

나는 청년 시절 연희동에서 시간을 보냈다. 그곳에서 만난 청년 공동체의 별칭은 '예수가족'이다. 말 그대로 예수님 때문에 가족 공동체를 이룬 사람들의 모임, 말씀으로 충만한 공동체였다.

처음 방문했던 날을 기억한다. 작은 사무실에서 청년부 간사로 섬기는 형들과 누나들이 열정을 가지고 이 공동체를 설명했다. 연세대학교 서문에 위치한 교회였기에, 주로 구성원들이 연세대학교 학생들로만 구성되어 있을 것이라 생각했다. 하지만 면면을 살펴보니, 참 다양한 사람들이 모인 곳이었고 따뜻함을 느낄 수 있었다.

그곳에 모인 사람들은 "제자가 되고, 공동체를 이루어, 세상을 변화시키자"라는 구호를 밥 먹듯이 말했다. "하나님 나라를 이 땅 위에"라는 말은 밥 먹듯이 하던 말이었다. 처음 들었을 때만 해도, 좀 이상하다고 생각했다. 하지만 그 외침은 삶의 자리의 변화로 다가왔다. 결국 하나님 나라의 확장은 복음 전파를 통해 이뤄진다는 것을 알았기 때문이다. 그러기 위해서는 말씀을 묵상하는 것은 당연한 일이요, 묵상하며 느낀 것들을 행하는 삶을 살지 않고는 불가능하다는 것을 깨닫게 됐다.

"하나님 나라를 이 땅 위에" 이루기 위해서는 하나님의 통치와 다스리심을 인정해야 했다. 이를 위해 성경을 읽고, 삶의 자리로 가져와야 한다는 인식이 공동체에 속해 있는 사람들에게 각인되었다. 또한 사람들은 말씀을 사모했다. 각자가 저마다의 방법으로 말씀 묵상하는 데 힘을 기울였고, 말씀이 자기 삶의 공간에 자리 잡기 위해 최선을 다했다.

나도 그런 모습에 도전을 받아, 대학 시절부터 말씀 묵상을 체질화했다. 하나님의 말씀을 삶의 공간에 채우기 위한 노력을 그 시절부터 행했던 것이다. 당시 어떤 큐티 잡지를 정해 놓고 묵상하지는 않았지만, 형제자매가 모일 때면 깨달았던 말씀을 나누는 것이 실제로 일어났다. 결국 삶의 공간을 말씀으로 채우는 일이 반복되자, 삶의 변화가 일어나게 되었다.

나도 공동체 안에 있다 보니 자연스럽게 말씀 묵상하는 일의 소중함을 알게 됐다. 이처럼 청년 시절 받았던 양육과 훈련은 나의 삶을 위한 초석이 됐다. 이후 나는 목회자가 되었고, 국제제자훈련원에서 큐티 잡지 디렉터로 사역하게 되었다. 내가 심혈을 기울여 작업한 한국어 잡지는 영어, 일본어, 중국어(간자, 번자), 미얀마어 등으로 번역되어, 각 나라로 전달되었다. 청년 시절 외쳤던 "하나님 나라를 이 땅 위에", "제자가 되고, 공동체를 이루어, 세상을 변화시키자"는 말이 이런 방식으로 성취될 줄을 누가 알았을까.

특히, 미얀마어로 번역된 큐티 잡지가 보급되는 것을 보며 하나님께서 역사하심을 느낄 수 있었다. 2021년의 미얀마는 무정부 상태를 직면했기에 모든 것이 혼란 그 자체였다. 이런 상황 속에서도 선교사님의 헌신과 수고는 미얀마 땅에 복음을 확장시키는 디딤돌이 되었고, 하나님의 역사를 경험하는 계기가 된 것이다. 있는 자리에서 주신 사명을 감당했을 뿐인데, 하나님께서는 나같이 부족한 자도 하나님 나라 확장을 위해 사용하셨다.

그래서인지는 몰라도 말씀 묵상을 하는 일은 영혼을 살리는 일이라는 확신을 갖게 됐다. 그래서 최선이 아닌 정성으로 만들었고, 많은 이들이 삶의 자리를 말씀 묵상으로 채워가기를 소망했다. 그저 말씀 묵상 자체가 좋아서 한 일이었는데, 하나님께서는 그런 나를 목회자로 세우셨고, 이 사명을 감당하게 하시더니, 지금은 매일 말씀을 소통하는 블로그도 운영하게 하셨으며, 이를 바탕으로 교회를 개척하는 일로 인도하셨다.

말씀을 통해 일하시는 하나님의 역사는 너무도 신비하다. 하나님께서 일하시는 크기와 너비를 인간의 머리로 다 이해할 수는 없지만, 분명 하나님께서는 그렇게 일하신다.

"하나님 나라를 이 땅 위에"

이것은 더 이상 허공을 떠도는 구호가 아니라, 삶의 체험이 담긴 고백이요 하나님 나라의 확장을 위한 선언이다.

| 말씀 묵상의 유익 |

하나님께서는 말씀을 통해 지금 이 시간에도 일하신다. 각 권마다 저자들을 통해 보여주신 하나님의 역사는 글을 통해 지금 이 순간에도 동일하게 성취된다. 말씀은 힘들어하는 영혼을 위로하고, 죽어가는 영혼을 살리며, 삶의 방향을 상실한 영혼이 어떻게 살아야 할지를 보여준다. 그렇기에 말씀 묵상의 중요성은 아무리 강조해도 다함이 없다. 이러한 말씀 묵상의 유익은 크게 세 가지로 정리해 볼 수 있다.

첫째, 내가 사랑하는 주님을 더욱 깊이 알 수 있다. 요한복음 5장 39절을 보면 "이 성경이 곧 내게 대하여 증언하는 것이니라"고 기록되어 있다. 예수님께서는 성경에서 말하고자 하는 핵심 내용을 두고 "내게 대하여 증언하는 것"이라고 말씀하셨다. 그것은 성경이 메시아이신 예수님을 드러내고 있음을 밝히는 것으로, 성경을 읽는 자는 자연스럽게 예수님이 누구신지를 알게 된다. 구약 성경에 기록된 모든 내용은 예수님이 메시아임을 증명하고 있고, 신약 성경에 기록된 모든 이야기도 예수님께서 반드시 다시 오신다는 것을 보여주고 있다. 성경을 읽으면, 예수님께서 왜 이 땅 가운데 오셔야 했는지에 대한 분명한 이유를 알게 된다.

요한은 "하나님이 세상을 이처럼 사랑하사 독생자를 주셨으니 이는 그를 믿는 자마다 멸망하지 않고 영생을 얻게 하려 하심이라"요3:16고 기록했다. 여기에서 분명하게 예수님께서 이 땅에 오신 목적이 알 수 있다. 예수님께서 이 땅에 오신 이유는 "그를 믿는 자마다 멸망하지 않고 영생을 얻게 하려 하심이라"는 것이다. 예수님께서는 하나님의 독생자로 죄로 인해 영벌에 처할 수밖에 없는 우리를 살리시기 위해 이 땅에 오셨다. 이것은 기록된 성경을 통해 알 수 있는 바로, 성경을 바르게 읽고 묵상할 줄 알아야만 주님을 알게 됨을 보여준다. 나를 살리기 위해 이 땅에 오신 분이 예수님이란 사실은 성경을 읽고 묵상하지 않고서는 정확히 알 수 있는 것이 아니다. 이처럼 기록된 성경을 읽고 묵상해야 비로소, 주님을 제대로 알게 되는 것이다.

그렇다면 이 땅에 우리를 살리시기 위해 오신 주님께서 우리에게 요구하신 바는 무엇일까. 이 또한 성경에 기록되어 있다. 베드로는 "오직 우리 주 곧 구주 예수 그리스도의 은혜와 그를 아는 지식에서 자라 가라"벧후 3:18고 했다. 베드로의 기록을 통해 알 수 있는 것은 예수님의 은혜와 그를 아는 지식을 갖추는 데 멈춤이 없어야 한다는 것이다. 이 말대로라면 우리가 이 땅을 사는 동안 기억해야 할 것은 자격이 없는 나를 살리시기 위해 주님께서 은혜를 베풀었다는 사실이다. 또한 우리는 은혜의 빚진 자로, 예수님을 아는 지식을 갖추는 데 있어서도 자라가야 한다.

주님은 우리 모두가 자신을 알아가는 데 있어서 자라기를 원하셨다. 예수님이 누구인지, 예수님께서 왜 이 땅에 오셨는지에 대한 단편적인 지식 습득 수준이 아닌, 매일 자라나는 것을 원하셨다. 그러므로 성도는 주님을 알아가는 데 집중해야 한다.

과거 코로나 팬데믹 기간 동안 예배드리기가 어렵다 보니 말씀을 듣고 나의 입술로 고백하는 부분에 대한 중요성을 느끼기가 쉽지 않았다. 교회마다 양육과 훈련이 멈추고, 근근이 드리는 예배를 통해 주님을 알아가고자 하니 주님과의 교제가 쉽지 않게 됐다. 성도가 말씀과의 거리두기를 하는 순간, 주님과의 거리두기는 시간문제다. 이런 상황 속에서 주님을 아는 데 집중하는 것은 너무도 쉽지 않은 부분이다. 하지만 이런 때일수록 말씀 묵상에 힘써야 한다. 말씀 묵상을 통한 주님과의 거리 좁히기는 주님의 은혜를 깨닫고, 주님 안에서 자라나기 위한 식사 시간이다. 주님을 더욱 알고 싶다면, 내게 주어진 말씀을 먹고, 곱씹는 일에 집중하자. 그 맛을 아는 이의 삶은 달라질 수밖에 없고, 그런 사람의 삶의 모습 속에는 주님의 모습이 온전히 드러나게 된다.

둘째, 영적인 분별력을 갖게 된다. 최근 모 일간지 신문에서, 매주 반복되는 이단의 교리를 본 적이 있다. 그들의 교리가 이단임을 알아본 것은 삼위일체 하나님을 인정하지 않아서였다. 문제는 이런 글들을 보고, 분별할 수 있어야 하는데, 그게 생각만큼 쉽지 않다는 점이다. 말씀 묵상이 바탕이 되지 않고서는 영적 분별력을 갖기 어렵다.

아이들과 1년 동안 미국에서 삶을 살았다. 미국은 이미 성적 기준에서 성경이 말하는 바를 넘어서는 결정을 내렸다. 이후 복음주의계 목회자 150명 이상이 내슈빌 선언Nashville Statement, 2017년을 선포하며 결혼은 한 남성과 한 여성 간의 결합이라는 선언문을 선포했다. 이들은 결혼 외의 어떤 성관계도 죄며, 동성애와 트렌스젠더리즘을 용인하는 것도 죄임을 밝혔다.[3] 이런 내용을 제언하고, 선포하는 것의 모든 토대는 성경이다. 그래서 아이들과 함께 이와 같은 이야기를 했는데, 학교에서 동성애에 대한 옹호 발언을 많이 하지만 아이들은 동성애가 죄라는 데 흔들린 적이 없다고 말하는 것을 볼 수 있었다. 어릴 적부터 성경을 묵상하게 하고, 말씀을 보며 이야기 나눈 것들이 쌓여 기초적인 신앙의 뿌리를 성경 위에 내릴 수 있게 된 것이다.

바울은 "하나님의 선하시고 기뻐하시고 온전하신 뜻이 무엇인지 분별하도록 하라"롬 12:2고 했다. 바울이 이 구절에서 말하고 싶었던 것은 하나님의 뜻을 알아야 분별이 가능하다는 것이다. 여기

---

3 https://cbmw.org/ 홈페이지 참조.

서 하나님의 뜻을 수식하는 단어로는 "선하시고, 기뻐하시고, 온전하신"이 사용됐다. 이를 토대로 하나님의 뜻이 무엇인지 살펴보면, 하나님 보시기에 악하지 않고, 하나님께서 기뻐 받을 만하시고, 불완전하지 않는 것을 뜻한다. 결국 하나님 보시기에 악하지 않고, 하나님께서 받으실 만하며, 불완전하지 않은 것을 기준을 삼고 살 때, 하나님의 백성에게 분별력이 생기는 것이다.

말씀 묵상 없이 영적인 분별력을 갖는다는 것은 거짓이다. 말씀 묵상을 하지 않으면 자기 경험에 의지해 무엇인가를 판단하게 된다. 이게 문제다. 자기 경험이라는 것이 얼마나 주관적인가. 절대적이지도 않고 불완전 그 자체다. 물론 경험 자체가 주는 유익을 부정하는 것은 아니다. 분명 유익이 있고 삶을 통해 많은 경험은 사람을 성장케 하고 자라게 한다. 하지만 그럼에도 경험은 주관적인 지식일 뿐 보편적이지 않다. 경험에 비추어 결론을 맺는 것을 두고 하나님의 뜻이라 할 수 없다. 이와 달리, 말씀 묵상을 바탕으로 결론을 도출할 때 비로소 하나님의 뜻에 부합한 결론에 도달할 수 있다. 최대한 하나님 말씀에 비추어 바라보기 때문에, 세상의 시류에 휘말리지 않고, 구별된 결정을 통해 하나님의 뜻에 가까워질 수 있다는 것이다.

잠언에 "모든 지킬 만한 것 중에 더욱 네 마음을 지키라 생명의 근원이 이에서 남이니라"[잠 4:23]고 기록되어 있다. 마음을 지킨다는 것은 마음을 보호하는 것 guard your heart이다. 이것은 세상으로부터 마음을 보호함을 의미한다. 이는 "구원의 투구와 성령의 검 곧 하나님의 말씀을 가지라"^{엡 6:17}는 구절과 병행해서 이해할 때 정확히 하나님의 뜻을 분별할 수 있다. 즉, 내 안에 하나님의 말씀이 있으면, 세상으로부터 내 마음을 지킬 수 있다. 이처럼 내가 말씀으로 무장되어 깨어 있으면 마귀가 우는 사자와 같이 당신을 삼키려 해도 이긴다^{벧전 5:8}. 오직 말씀의 분별력을 가진 자만이 상황과 상관없이 자신과 공동체를 지킬 수 있는 것이다. 그러므로 영적인 분별력은 선택적으로 가져야 할 능력이 아니다. 하나님의 뜻을 받드는 자라면, 말씀 묵상을 토대로 기도하며 하나님께 반드시 구해야 할 능력이다.

셋째, 하나님의 인도를 받게 된다. 시편 119편 105절은 말씀 묵상의 유익을 설명하는 주옥과 같은 말씀이다. "주의 말씀은 내 발에 등이요 내 길에 빛이니이다." 이 구절은 말씀이 내가 내딛는 발 앞에 등 역할을 하고, 내가 가는 길에 빛 역할을 한다고 말한다. 이것은 말씀이 내 발을 비추고 내 갈 길을 인도한다는 뜻이다. 따라서 말씀이 내 발을 비출 때, 나는 어둠을 뚫고 안전한 걸음을 내디딜 수 있다.

하나님의 말씀이 없는 세상이 어떠했는지를 제일 잘 보여주는 것이 창세기 1장이다. 빛이 있기 전 세상은 "땅이 혼돈하고 공허"했으며, "흑암이 깊음 위에" 있었다. 하나님께서 "빛이 있으라"고 말씀하시기 전까지, 세상에는 질서가 없었다. 오늘날도 마찬가지인 것이 말씀의 인도함을 받지 않는 사람은 질서 없는 세상에서 헤매게 된다. 한 발자국 내딛고 싶어도, 그곳이 안전한지 전혀 알 수 없기 때문이다. 하지만 말씀 묵상을 하는 순간, 하나님께서 보여주시는 빛을 따라, 은혜로운 여정을 할 수 있다.

많은 분과 말씀 묵상에 대해 이야기를 하다 보면, 참으로 놀라운 일을 많이 경험했음을 알게 된다. 코로나 팬데믹 기간 동안 어려움을 겪을 때, 새벽을 깨우며 하나님의 말씀을 자신의 삶에 채웠다고 한다. 빛이 보이지 않는 나날들이었지만, 하루가 한 달이 되고, 한 달이 일 년이 되면서, 갈 길을 찾게 되었고 하나님의 인도하심을 맛볼 수 있었다는 간증이 정말로 많다. 이는 말씀 묵상을 통해 혼란과 방황을 끝내고, 믿음으로 사는 인생을 경험한 것이다.

물론 말씀 묵상을 하지 않아도 살 수는 있다. 문제는 어떻게 살아야 하는지에 대한 분별력이 없는 상태로 살게 된다. 자기 경험과 세상이 말하는 바가 삶의 방향을 잡게 될 텐데, 그것은 하나님께서 원하시는 삶이 아니다. 자기 유익대로, 자기 방식대로, 자기 부인 없는 삶을 사는 것은 삶의 방향을 잃어버린 채로 사는 것이다.

하지만 말씀 묵상을 하는 삶은 다르다. 하나님의 뜻을 구하고, 하나님 나라를 위해 살기 위해 늘 준비되려는 모습으로 바뀌게 된다. 또한 가정, 교회, 일터에서 어떻게 사는 것이 성도의 삶인지 고민하게 될 것이다. 그리하여 하나님께서 주시는 영적 분별력을 바탕으로, 하나님의 인도함을 받는 놀라운 역사를 경험하게 됨을 확신한다. 생수를 맛본 자만이 생수의 시원함을 아는 것처럼, 말씀을 맛본 자만이 영혼의 방황을 끝내고 말씀이 주는 시원함을 느낄 수 있다.

공간 채우기

1. 말씀 묵상이 주는 세 가지 유익을 정리해 보고, 자신의 생각을 나눠 봅시다.

2. 말씀 묵상을 통해 주님을 영적인 분별력을 가지고, 하나님의 인도하심을 따라 살았던 삶이 있었다면 언제인지 이야기해 봅시다.

3. 말씀 묵상이 주는 영혼의 시원함을 온전히 누리기 위해 내 삶에 결단해야 할 것은 무엇인지 나눠 봅시다.

04

말씀 묵상의 원칙

말씀으로 삶을 채우는 것은 영혼의 목마름을 해결하는 것과 같다. 광야 같은 인생을 살면서 과연 어떻게 사는 것이 내 영혼을 살리는 길인지 모를 때, 내 생각이 아닌 하나님의 뜻으로 내 삶을 채워보자. 이를 위해 기억해야 할 주요 원리가 있는데, 말씀 묵상을 할 때 무엇을 기억하면 좋을지 함께 생각해 보기로 하겠다.

| 나의 사랑하는 책 |

지금도 많은 책이 만들어지고 있다. 한 권의 책에는 저자의 영혼이 담겨 있다. 그만큼 혼신의 힘을 다해 저자는 글을 쓴다. 하지만 그렇게 혼을 불어 넣어도 책으로 출간되어 사람들의 손에 들리는 일은 쉽지 않다. 그만큼 내 손에 들려진 책은 저자의 피땀 어린

수고가 담겨 있다. 그런데 그중에서도 각 권의 저자들의 수고와 헌신이 담겨 있는 책이 성경이다. 원저자이신 하나님께서 각 권의 저자들을 감동하여, 그들의 수고와 헌신으로 하나님 자신을 드러내셨다. 따라서 하나님의 말씀인 성경을 사랑하며, 주야로 묵상하는 데 힘을 쏟아야 하는 이유는 성령의 감동을 받은 자들을 통해 기록된 하나님의 마음을 알 수 있기 때문이다.

나는 개인적으로 찬송가 199장 "나의 사랑하는 책"을 참 좋아한다. 아마 많이 부르다 보니 나도 모르게 내 마음속에 이 책에 대한 사랑의 감정이 생겼다. 그런데 이 찬송의 4절을 보면 "나도 시시때때로 성경 말씀 읽으며 주의 뜻을 따라 살려 합니다"라는 가사가 있다. 어린 시절 별생각 없이 불렀던 가사다. 하지만 이 찬송 가사에 나와 있는 말씀을 생각해 보면, 정말 시시때때로 성경 말씀을 읽어야만 주의 뜻을 따라는 사는 그리스도인이 됨을 알 수 있다.

그런데 주님의 뜻을 따라 살기 위해서는 기억해야 할 것이 있다. 먼저는 성경이 하나님의 말씀임을 인정하는 것이다. 신앙생활을 오래 하신 분들이라면 너무나 당연한 말이다. 하지만 조금만 생각해 보면 정말로 내가 하나님의 말씀으로 인정하고 있는지를 분별할 수 있게 된다.

"성경은 하나님의 말씀이다"라는 말은 성경의 권위가 하나님께 있음을 의미한다. 베드로후서는 성경에 대해 "예언은 언제든지 사람의 뜻으로 낸 것이 아니요 오직 성령의 감동하심을 받은 사람들이 하나님께 받아 말한 것임이라"[벧후 1:21]고 설명하고 있다. 이처럼 말씀에 기록된 대로 성경의 저자는 하나님이시며, 성경을 기록한 사람들은 성령의 감동하심을 통해 하나님의 말씀을 받아 적었다.

그렇다면 성경을 읽는 사람의 자세는 어떠해야 할까? 웨인 그루뎀[Wayne Grudem]은 다음과 같이 말한다.

> 그러므로 성경은 그 자체를 하나님의 말씀이라고 확증하기 때문에 우리는 그 말씀을 이해하려고 애써야 합니다. 그렇게 하는 것이 곧 하나님 자신을 이해하려고 애쓰는 것이기 때문입니다. 우리는 성경 말씀을 믿으려고 노력해야 합니다. 그렇게 하는 것이 곧 하나님 자신을 믿으려고 노력하는 것이기 때문입니다. 또 우리는 성경 말씀에 순종하려고 애써야 합니다. 그렇게 하는 것이 곧 하나님께 순종하려고 애쓰는 것이기 때문입니다.[1]

분명한 사실은 성경이 하나님의 말씀이라고 인정했다면, 성경 말씀을 믿으려고 노력해야 한다는 것이다. 이 말은 하나님의 말씀인 성경의 권위를 인정했다면, 하나님 말씀 앞에 순종하려고 애써야 한다는 것이기도 하다. "나도 시시때때로 성경 말씀 읽으며 주의 뜻을 따라 살려 합니다"[찬송가 119장 4절]라고 고백한 사람이라면, 매

---

1 Wayne Grudem, *Chfistian beliefs* (Nashnille: Zondervan, 2022); 이용중 역, 『꼭 알아야 할 기독교 핵심 진리』 (서울: 부흥과개혁사, 2022), 19.

순간 성경 말씀 앞에 순종하기 위해 힘써야 한다. 이것은 사랑하는 사람의 말을 귀담아들으려는 것과 같다. 내가 정말 사랑한다면, 그 사람의 말을 귀담아들으려 할 것이다. 하지만, 내 마음의 상태가 그렇지 않다면 귓등으로 듣고 흘린다.

시인은 "청년이 무엇으로 그의 행실을 깨끗하게 하리이까 주의 말씀만 지킬 따름이니이다 내가 전심으로 주를 찾았사오니 주의 계명에서 떠나지 말게 하소서"^{시 119:9-10}라고 고백했다. 시인은 하나님의 말씀을 지키는 데 진심이었다. 그래서 전심으로 주를 찾았고, 주님께 주의 계명에서 떠나지 말게 해 달라고 간구했다. 시인의 이 같은 모습은 이 시대를 사는 사람들의 마음에 반드시 필요한 모습이다.

하나님의 말씀을 사랑한다면, 하나님의 말씀 곁에 전심으로 붙어 있어야 한다. 살아계신 하나님의 말씀 옆에 있으면, 말씀에 순종하는 것에 대한 부담감은 당연히 줄어들게 될 것이다. 더 나아가, 말씀 묵상을 하지 못함에 대해 '쉽지 않다'라는 말은 사라지게 될 것이고, 나를 지키는 것이 오직 하나님 말씀이라는 사실은 더욱 분명하게 고백할 수 있게 될 것이다. 말씀을 사랑하자. 하나님의 말씀인 성경을 지켜내기 위해 힘쓰자. 말씀 묵상하는 것을 기쁨으로 여기고, 지키는 것을 생명으로 여기자. 사랑하는 일을 기쁨으로 행하는 것보다 놀라운 일은 없다.

| 일상의 변화 |

많은 이들의 관심사 중 하나가 다이어트다. 살과의 전쟁에서 승리하기 위해 저마다의 다이어트 방법이 있다. 간헐적 단식 다이어트, 칼로리 섭취 제한 다이어트, 저탄수화물 다이어트, 채식주의 다이어트, 지중해식 다이어트 등 방법만 해도 엄청나다. 여기서 중요한 것은 이와 같은 다이어트 방법을 사용해서 내 삶에 체중 감량이라는 변화가 일어날 때, 비로소 그 방법을 마음으로 받아들이게 된다는 점이다. 그러다 보면 주변에 이 같은 방법으로 다이어트했다고 소개도 하고, 자랑도 한다.

말씀 묵상도 동일하다. 어떤 큐티 잡지를 사용하고, 어떠한 방식으로 묵상을 행하는 것보다 중요한 것은 내 삶에 변화가 일어나는지를 경험하는 것이다. 말씀이 하나님의 말씀임을 인정하면, 하나님의 뜻에 따라 순종으로 반응하고 그에 맞는 삶을 우선으로 여긴다. 그러다 보면 그 사람의 일상에 변화가 일어나는 것은 자연스러운 일이다.

바울은 "너희는 이 세대를 본받지 말고 오직 마음을 새롭게 함으로 변화를 받아 …"롬 12:2라고 했다. 성도라면 하나님의 말씀을 따라 사는 것이 마음을 새롭게 하고 삶의 변화로 나아가기 위한 가장 기본이다.

성경 통독이 성경의 숲을 보는 과정이라면, 말씀 묵상은 오늘 하루를 버티기 위해 내게 주신 양식이다. 오늘 하루 양식을 먹었으면, 먹은 만큼 힘을 얻고 성장하게 된다. 분명 지적인 성장도 있지만 중요한 점은 먹은 말씀을 통해 삶의 변화로 연결되어야 한다는 것이다.

매일 다이어트를 하는 사람은 아침마다 체중계에 오른다. 지난밤에 공복 상태로 있었다면 기분 좋은 상태로 오른다. 반대로 야식을 먹고 잠들었다면 분명 체중계에 오르는 것 자체가 괴롭다. 하지만 체중계에 올라야 대책을 강구할 수 있다.

말씀 묵상도 마찬가지다. 성경을 묵상한 후 적용 단계로 나아가 점검하는 것은 체중계에 오르는 작업과 같다. 그저 좋은 말을 쓰고 생각하는 데 그치는 삶이 아니라, 삶의 진정한 변화를 경험하기 위해 매일 적용이라는 영적인 체중계에 오르는 것과 같다. 그러면 체중계에 나타난 숫자에 따라 오늘 하루의 식단과 운동량이 결정된다. 마찬가지로 말씀 묵상을 통해 어떻게 순종하느냐에 따라 엄청난 변화를 경험하게 된다. 작은 순종이 쌓이면, 하나님 앞에서 자신도 모르게 건강한 성도로 살게 되어 하나님 앞에 더 귀한 쓰임을 받기 위해 전진하게 될 것이다. 옥한흠 목사가 지은 책 『평신도를 깨운다』에는 적용에 대해 다음과 같이 설명한다.

> 말씀에 감동을 받으면 반드시 다음 단계로 전진해야 한다. 그것은 말씀에 순종하는 단계이다. 아무리 눈물을 억제할 수 없는 진한 감동을 받았다 할지라도 실제로 그 말씀이 자신의 인격과 삶에 변화를 일으킬 기회와 공간을 만들어 주지 않는다면 그 감동

<blockquote>
은 성령이 주시는 은혜라 할 수 없다. 마음을 뜨겁게 한 말씀이 우리 안에서 자유롭게 역사할 수 있는 기회와 공간을 만들어 주는 방법이 적용이라는 것이다.[2]
</blockquote>

내 마음속에 성경을 묵상하면서 뜨거움이 올라왔다면, 성령의 역사가 자유롭게 일어나도록 적용의 단계로 나아가야 한다. 말씀 묵상에서 적용의 작업은 내 안에 내주하시는 성령의 자유로운 역사를 위해서라도 반드시 내어 드려야 하는 일이다. R. C. 스프로울(R. C. Sproul)은 성화에 대해 정의하길 "의롭다고 선언된 사람들이 거룩해지는 과정"이라 했다.[3] 스프로울의 말대로, 말씀을 깨달은 그리스도인이라면, 예수님을 닮아가기 위해서 결단과 적용을 통해 자신의 의지를 다지고, 하나님께서 일하시도록 내어드리는 삶이 반드시 필요하다.

이처럼 말씀 묵상을 할 때, 일상의 변화에 대한 부분을 놓쳐서는 안 된다. 주 안에서 온전한 성장을 위해, 매일 주시는 말씀의 은혜를 머리에서 가슴으로, 가슴에서 손과 발로 끌고 가는 일을 할 때, 당신의 삶에 놀라운 일들이 계속해서 일어나게 될 것이다.

---

2 옥한흠, 『평신도를 깨운다』 (서울: 국제제자훈련원, 2021), 255-56.

3 R.C. Sproul, *Everyone's A Theologian* (Ligonier: Ligonier Ministries, 2014); 조계광 역, 『모든 사람을 위한 신학』 (서울: 생명의말씀사, 2015), 286.

| 말씀 묵상과 꾸준함의 관계 |

　말씀 묵상에 대해 이야기할 때마다, 자주 듣는 것이 "쉽지 않아요"라는 말이다. 말씀 묵상을 매일 하는 것, 말씀 앞에 순종하는 일에 대해 "쉽지 않아요"라는 반응으로 끝내려는 모습이 많다. '왜 쉽지 않을까', '무엇이 어렵게 할까'라고 생각해 보면, 먼저는 말씀 묵상이 습관이 되어 있지 않은 경우가 가장 많다.

　사람이 밥을 먹고, 잠을 자고, 말씀을 통해 하나님과 교제하는 것은 삶의 일부를 넘어 전부가 돼야 한다. 프로 스포츠 선수들 가운데 루틴^{Routine}을 중요시 여기는 선수들이 있다. 손흥민 선수가 경기장에 들어갈 때 루틴을 보면, 오른발로 라인을 밟고 오른발로 경기장에 입장한다. 이후 강하게 점프 한 후 좌우로 전속력으로 달린다. 이는 승리를 위한 자신만의 준비 과정이다. 성도도 마찬가지다. 세상에서 승리하기 위한 루틴으로 말씀 묵상하는 것을 체질화해야 한다. 분명 중요성을 깨달은 사람 가운데 이를 모르는 사람은 없다. 문제는 이루기 위한 나의 의지다.

　영적 성장을 위해 말씀 묵상은 계속돼야 한다. 그동안 세미나를 할 때, 가장 강조했던 것은 말씀 묵상의 방법이 아니었다. 어떻게든 매일 하게 만드는 것이 중요했다. 이를 위해 조 편성을 해서 매일 점검하면서 한다든지, 서로 짝을 지어 나눔을 진행하게 하는 방법 등 훈련을 통해 습관을 만드는 것은 너무나 중요하다.

　문제는 훈련이 끝났을 때다. 과연 이것이 습관이 되어 이어지느냐가 관건이다. 말씀 묵상이 습관으로 형성되었다면, 그 사람은 말씀 묵상을 위한 최소한의 터다지기는 된 것이다.

바울이 "나는 심었고 아볼로는 물을 주었으되 오직 하나님께서 자라나게 하셨나니"[고전 3:6]라고 기록했다. 바울은 고린도교회 성도들이 하나님의 은혜로 자라나기 위해 복음을 심었다. 또한 바울이 심은 그곳에 물은 준 사람은 아볼로였다. 그런데 아무리 바울이 심고, 아볼로가 자라게 했어도, 자라나게 하시는 분은 하나님이시라는 것이다. 하나님께서는 인간을 통해 심고 물주는 일을 담당하게 하신다. 그런데 성장이 일어나도록 행하시는 분은 하나님이시라는 것이다.

그러므로 나도 누군가에게 그런 은혜를 끼치려면 받은 복음이 자라날 수 있도록 심고 물주는 기초 작업은 해야 한다. 나의 성장뿐 아니라, 누군가의 성장을 위해 심고 물주는 기초 작업은 해야 하나님께서 성장의 은혜를 부어 주실 것이다. 그러므로 말씀 묵상을 통해 자라게 하시는 분은 하나님이시지만, 나의 수고도 반드시 그곳에는 필요하다는 것을 기억해야 한다. 마이클 윌킨스[Michael J. Wilkins]는 이 부분에 대해 이렇게 말한다.

> 예수님의 제자들은 그분의 가르침을 지적으로 알지만, 동시에 그 가르침에 순종하기 때문에 그들의 삶이 진정한 차이를 보여 줄 것이다. 실제로 제자들을 파송하여 모든 민족을 제자 삼는 범세계적 사명을 주실 때 예수님은 "내가 너희에게 분부한 모든 것

을 가르쳐 지키게 하라"는 내용을 포함하셨다(마 28:20). 그러므로 제자들은 예수님의 교훈을 양식으로 섭취하여 그들의 영적인 생명을 양육한다.[4]

여기서 기억해야 할 것은 제자들이 예수님의 교훈을 양식으로 섭취해, 자신들의 영적인 생명을 양육했다는 데 있다. 하나님의 말씀은 양식이다. 양식을 섭취하는 데 있어서 중요한 것은 결식하지 않고, 꾸준히 먹어야 성장한다는 점이다.

많은 분과 함께 훈련할 때마다 강조하는 것은 꾸준함이다. 잘하고 못하는지가 중요한 것이 아니다. 말씀 묵상을 어느 정도 수준으로 하느냐는 것은 그다음의 문제다. 가장 중요한 것은 매일 빠지지 않고, 영적인 양식을 공급받아서 먹겠다는 의지다. 바로 그런 의지가 있는 자를 하나님께서는 자라게 하시고, 하나님께서 준비하신 곳에서 쓰이도록 행하신다. 비록 지금 당장은 성장하는지 모를 수도 있다. 하지만 시간이 흘러 1년, 3년, 5년, 10년이 지난 후의 모습은 상상해 보자. 말씀 묵상을 꾸준히 한 사람과 그렇지 않은 사람의 삶의 변화는 천지 차이다. 말씀 묵상에 대한 중요성을 인지하는 사람이라면, 바울의 역할을 하든지, 아볼로의 역할을 하든지 간에, 다른 사람이 자라나도록 돕는 역할을 반드시 감

---

4 Michael J. Wilkins, *Following the Master* (Grand Rapids: Zondervan: 1992); 황영철 역, 『제자도 신학』 (국제제자훈련원, 2015), 195.

당하고 있을 것이다.

혹시 말씀 묵상을 올해부터 시작한 분이 계실지 모르겠다. 참 잘하셨다고 말씀드리고 싶다. 또한 이 글을 읽는 분 중에 말씀 묵상을 잠시 쉬고 계시는 분이 계실지 모르겠다. 아마도 그럴 만한 이유가 있으셨을 것이다. 그러나 어찌 됐든 중요한 것은 다시 시작하는 것이다.

영적 성장의 기쁨은 작은 것에서부터 출발한다. 힘들고 어렵다는 선입견에서 벗어나, 영적 성장이라는 세계로 걸어가는 기쁨을 누리시길 소망한다. 분명 그곳에서 하나님께서 자라게 하시는 기적을 통해 당신은 지금까지 느껴보지 못했던 세계를 경험하게 될 것이다. 기적은 다른 데 있지 않다. 말씀을 읽고 묵상하며, 삶의 변화를 경험하는 자가 누리는 것이 기적이다. 말씀 묵상을 통해 힘썼던 내 삶의 변화들이 눈 뭉치를 이뤄 주변을 변화시키고, 나아가 하나님 나라의 확장을 위해 귀하게 쓰이게 된다. 꾸준함보다 위대한 것은 없다. 하나님께서도 자신과 끊임없는 교제를 하고 있는 당신을 칭찬하실 것이다.

| 몰입의 중요성 |

사람들은 자신이 좋아하는 일을 할 때, 생기가 돈다. 운동을 좋아하는 사람은 매일 운동에 몰입하는 시간을 가져야 힘을 받는다. 음악 감상을 좋아하는 사람은 매일 음악을 들어야 근심과 걱

정에서 벗어나 음악이 주는 세계로 몰입하는 기쁨을 누리게 된다.

마찬가지로 말씀 묵상은 하나님께 몰입하는 시간이다. 시편 기자는 "복 있는 사람"은 악인들의 꾀를 따르지 아니하며 죄인들의 길에 서지 아니하며 오만한 자들의 자리에 앉지 아니하고 오직 여호와의 율법을 즐거워하여 그의 율법을 주야로 묵상하는도다"시 1:1-2라고 했다.

"복 있는 사람"은 항상 복 안에 거하는 사람이다. 이 사람의 특징은 악인과 함께 걷지 않고, 죄인과 함께 서지 않고, 조롱하는 자들과도 함께 하지 않는다. 결국 죄로부터 거리를 두고 세상의 유혹으로부터 벗어난 후 하나님의 말씀을 가까이 해야 복을 누릴 수 있다는 뜻이다. 정리해 보면, "복 있는 사람"은 오직 하나님의 말씀이 주는 즐거움을 진정한 기쁨으로 누리는 사람으로, 하나님께서 주시는 복을 가장 소중히 여기는 사람이다.

이런 말을 들으면 부담스러워 하는 분들이 계신다. 성경에 기록된 복 있는 사람의 삶이 세상 즐거움을 다 포기한 자의 삶처럼 느껴지기 때문이다. 그런데 그것은 오해다. 성경이 말하는 복 있는 자의 삶은 영원한 기쁨을 주는 구절이다. 사실 예수님을 제대로 만나지 못한 분들 가운데 치열하게 사는 분들이 너무도 많다. 가족들을 위해 한평생 헌신하고, 자신의 즐거움을 내려놓은 채 달리기만 한 분들의 이야기는 우리를 숙연하게 만든다. 하지만 진정한 복이 무엇인지 모르고 달리기만 하는 분들을 살리기 위해 영원한 복이 무엇인지, 진정한 기쁨이 무엇인지에 관한 이야기를 해야 한다. 이것은 술 한 잔 걸치고, 인생의 푸념을 털어놓는다고 해결되지 않는다.

사람은 영적인 존재이기에 하나님의 말씀으로 채워야만 영원한 즐거움이 무엇인지를 깨닫게 된다. 그렇기 때문에 하나님 말씀에 몰입하는 시간을 가져야만 말씀이 주는 힘을 통해 영혼이 살아나는 것을 경험할 수 있는 것이다. 이것은 세상의 걱정과 근심을 잠시 잊는 세상의 방법과는 차원이 다른 하나님의 뜻을 정립함으로 새로운 꿈을 꾸게 되는 것이다.

사실 솔로몬도 세상적으로 모든 것을 갖춘 사람이었다. 그런 솔로몬이 "내 아들아 내 말에 주의하며 내가 말하는 것에 네 귀를 기울이라 그것을 네 눈에서 떠나게 하지 말며 네 마음 속에 지키라 그것은 얻는 자에게 생명이 되며 그의 온 육체의 건강이 됨이니라"잠 4:20-22고 했다. 그는 하나님의 말씀을 주의 깊게 듣는 것, 몰입하는 것이 마음을 지켜 육체의 건강까지도 이어진다고 했다. 이는 온전한 생각이 온전한 마음을 형성하고, 온전한 육체로 이어지게 됨을 의미한다. 쉽게 말해, 이것을 지켜야만 내 삶을 지킬 수 있다는 뜻이다.

성도는 하나님의 말씀에 몰입할 수 있는 상황을 만들어야 한다. 말씀에 몰입하는 사람은 자연스럽게 무엇이 진정한 기쁨을 주는지 분별할 수 있는 힘을 가지게 된다. 오직 하나님께만 집중하고, 하나님의 말씀에 방해하는 것들을 차단할 때 놀라운 삶의 변화가 일어나게 된다. 그러므로 영육의 강건함을 위해 영적으로 방해되는 것들을 정리하고 하나님께 몰입하자. 몰입의 강도가 높을수록 하나님의 뜻을 정확히 알고, 하나님 나라를 세우는 데 온전히 쓰임받게 된다.

공간 채우기

1. 말씀 묵상의 원칙을 정리해 보고, 자신의 생각을 나눠 봅시다.

2. 내가 하나님의 말씀을 사랑한다면 순종으로 반응해야 합니다. 이 사실 앞에 내가 앞으로 어떻게 말씀 묵상할 것인지를 나눠 봅시다.

3. 말씀 묵상에 있어서 중요한 것은 꾸준히 하는 것과 몰입할 수 있는 환경을 만드는 것입니다. 매일 빠지지 않고 하나님 말씀에 몰입하기 위해 무엇을 준비해야 할지 생각해 봅시다.

공간 채우기

4. 말씀 묵상 원칙을 바로 세우기 위한 나의 다짐

말씀 묵상 원칙을 바로 세우기 위한 나의 다짐

1. 나는 매일 정해진 시간과 장소에서 하나님의 말씀을 묵상하고 그분의 지혜와 인도를 구하겠습니다.
2. 나는 하나님의 말씀에 마음을 열고, 하나님의 말씀만이 내 생각을 새롭게 한다는 사실을 믿고 나아가겠습니다.
3. 나는 하나님께서 내 삶을 향한 그분의 뜻과 목적을 계시해 주실 것을 믿으며, 겸손한 마음으로 말씀 묵상하는 시간을 가질 것을 다짐합니다.
4. 나는 말씀 묵상을 통해 항상 하나님의 말씀에 귀 기울이며, 말씀 묵상에서 도출한 원리들을 삶의 자리에 적용하겠습니다.
5. 나는 진리된 말씀이 내 발의 등이요, 빛임을 고백하며 항상 하나님께서 바라시는 사랑과 진리, 은혜를 끼치는 영향력 있는 삶을 살기 위해 힘쓰겠습니다.
6. _____
7. 그리하여 삶의 자리가 변화되어, 항상 예수님의 향기를 내뿜는 사람이 되기 위해 힘쓰겠습니다.

주후 20   /   /

성명:

05

말씀 묵상의 실제

성도는 세상에서 승리를 갈망한다. 세상에서 승리를 갈망하는 성도에게 필요한 무기는 말씀이다. 조금만 틈을 보이면 기회를 엿보는 세상에서 승리할 수 있는 방법은 하나님께서 주시는 말씀대로 삶을 살아내는 것이다. 분명한 사실은 전쟁의 주관자이신 하나님의 말씀을 귀담아 듣고 행하는 자는 하나님께서 알려주신 전략과 전술로 세상에서 승리를 경험하게 된다. 그렇다면 말씀 묵상을 위해 실제적으로 행해야 할 부분들을 살펴보자. 실질적인 접근 방법을 안착시키는 것은 패배가 아닌 승리를 위한 교두보를 마련하는 일이다.

| 시간과 공간을 준비하라 |

　말씀 묵상을 위해 가장 중요한 부분은 시간과 공간을 확보하는 것이다. 하나님과의 온전한 만남을 위해 시간과 공간이 마련되지 않으면, 만남이 주는 기쁨을 누리기 힘들다. 사실 누군가와 데이트를 위해서도 시공간은 준비되어야 데이트 자체에 대한 기대감을 높일 수 있다. 좋은 분과의 만남이라면 시간을 내어서라도 할 것이고, 집중할 수 있는 공간을 찾을 것이다.

　이것은 말씀 묵상을 통한 하나님과의 만남에서도 동일하다. 충분한 시간을 준비하지 않은 상태에서, 하나님과의 깊은 교제는 불가능하다. 물론 하나님께서는 바쁜 와중에 헐레벌떡 뛰어나온 당신을 사랑하신다. 하지만, 조금만 생각해 보면, 어떻게 하나님을 만나야 할지 답을 알 수 있다. 말씀 묵상을 위한 별도의 공간이 준비되어 있지 않으면, 하나님께 집중할 수 없다. 나의 시선을 분산시키고 신경 쓰게 하는 일들이 많으면 인격적인 만남으로 이어지기 어렵다. 결국 시간과 공간에 대한 준비가 이뤄져야, 말씀 묵상을 통해 하나님을 온전히 만날 수 있는 것이다. 준비한 시간이 의미가 있을수록 얻게 되는 놀라운 비밀들도 더욱 많음을 기억해야 한다.

　시간을 준비한다는 것은 하나님과 만날 시간을 약속하는 것이다. 시공간을 초월하시는 하나님께서는 언제나 우리와 만나기 위해 기다리고 계신다. 그러므로 나만 시간을 정하면 하나님 과 만날 수 있다는 권한이 우리에게 있다. 그럼에도 불구하고 많은 이들이 바쁘다는 이유로 하나님과의 약속 시간 잡는 것을 미루기에 급급하다.

혹시 자신도 모르게 "정신없다"라는 말을 사용한 적이 있는가? "정신없다"라는 표현은 정신을 차릴 여유가 없을 정도로 바쁠 때 쓰는 말이다. 문제는 이런 말을 쓰면서 하루하루를 보내다 보면 몰입할 수 있는 환경을 만들 수 없다. 정말로 정신이 없다는 말을 하는 대부분의 사람들이 정신을 차리지 못한다. 이런 상황에 놓여 있는 사람일수록 말씀을 묵상하고 기도하는 시간을 가져야, 스마트폰 보면서 보내는 시간으로부터 자유하게 된다.

과거엔 매체라고 해봐야 신문, 공중파 뉴스, 인터넷 뉴스가 전부였다. 그래서 보고 싶은 방송을 보지 못했을 때, 재방송을 하지 않으면 볼 수가 없었다. 그러나 지금은 OTT$^{\text{Over-the-top media service}}$의 활성화로 언제든 내가 원하는 매체를 접할 수 있는 상황이 됐다. 이러다 보니 내가 정신을 차리려고 하지 않으면, 세상의 가치관에 노출되어 금방 동화되어 버린다. 성경적 세계관을 갖추기 위해 노력하지 않으면, 성도 스스로 정체성을 지키기 어려운 시대가 된 것이다.

하나님과 만나는 시간을 구별하지 않는다는 것보다 위험한 일은 없다. 이것은 영혼이 살기 위해 반드시 결정해야 할 부분이다. 나의 영혼이 살기 위해서는 말씀 묵상하는 시간은 구별해야 한다. 이를 언제 하는 것이 좋을지에 대하여서는 의견이 분분하다. 새벽이 좋은지, 아침이 좋은지, 오후가 좋은지, 저녁이 좋은지 등 다양한 의견과 그에 대한 이유가 있다.

많은 분은 새벽 시간을 추천한다. 아무래도 방해받지 않고, 가장 우선순위로 삼을 수 있는 시간이기 때문이다. 개인적으로도 새벽 시간 확보를 주변 분들에게 권한다. 누구든지 새벽 시간을 활용해 말씀 묵상을 할 수 있다면, 잡념을 제거하고 하나님께 더욱 집중하면서 승리하는 하루를 시작할 수 있다. 하지만, 라이프 사이클Life Cycle 상 새벽 시간에 집중하기 어려운 분들도 있다.

과거 훈련을 하다가 3교대로 근무하시는 분이 말씀 묵상 시간을 언제 하면 좋을지 질문하신 경험이 있다. 아무래도 예수님께서 "새벽 아직도 밝기 전에"막 1:35 기도하러 올라가셨다는 구절이 이분에게는 부담이 되었다. 하지만 주님께서 우리에게 그러한 본을 보이신 것은 우리로 하여금 부담을 갖도록 하기 위함은 아니다. 마가복음 1장에서 드러난 주님의 사역은 상상을 초월한다. 세례를 받으시고, 광야에서 사탄에게 시험받으시는 장면, 요한이 잡힌 후 갈릴리에서 복음을 전하시고, 어부를 부르시고, 더러운 귀신 들린 사람을 고치시며, 시몬의 장모 외에도 많은 사람을 고치시는 일을 마가복음 1장에서 행하셨다. 주님께서는 아낌없이 자신에게 주어진 시간을 하나님 나라 확장을 위해 사용하신 것이다. 이런 주님께서 그런 와중에도 하나님과의 교제 없이 사역을 이어가는 것이 불가능하다고 느끼셨던 것으로 보인다. 그렇기 때문에 "새벽 아직도 밝기 전"막 1:35이란 시간을 내어 하나님과의 교제를 위해 집중하셨던 것이다. 주님께서는 "한적한 곳"이 필요하셨고, 하나님께 기도할 시간이 필요하셨음을 알 수 있다.

중요한 것은 집중할 수 있는 시간을 확보하는 것이다. 성도가 자기 일을 멈추고, 하나님과의 교제하는 시간을 만드는 것보다 중요한 일이 있을까. 만일 집중하기 가장 좋은 시간이 밤이면 그 시간에 말씀 묵상 시간을 가지는 것도 좋다. 물론 밤은 변수가 많다. 약속도 생기고 환경에게 방해도 받는다. 그러나 시간을 내는 것이 어의치 않다면 밤에 해도 무방하다. 간혹 밤에 개인 묵상하는 시간을 가지고, 새벽에는 목사님의 설교를 듣고 기도하는 분들도 본다. 이렇게 한다면 훨씬 더 하나님과 교제하는 시간을 풍성히 가질 수 있다. 어쨌든 시간은 만들어야 한다. 고정시켜 행하겠다는 습관이 들지 않는다면, 하나님과 교제하는 시간을 지키는 것은 어렵다.

말씀 묵상을 위해 공간 준비도 중요하다. 큰 공간이 아니어도 된다. 그냥 혼자 머무를 수 있는 장소면 충분하다. 주님께서도 일부러 "한적한 곳"으로 가셨다. 그곳이 주님께는 자기만의 공간이었다. 시간뿐 아니라, 아무에게 방해받지 않고 싶으셔서 이 같은 결단을 하신 것이다.

우리도 그런 공간이 필요하다. 하나님께 조용히 나가 기도하고, 말씀 묵상할 수 있는 공간을 만드는 것이 묵상의 깊이를 더하게 만드는 지름길이다. 결국 이 같은 준비 모두 주님과의 더 깊은 교제를 위해 필요한 부분들이다. 물론 형편에 따라 자기만의 공간을 마련하기 어려운 분도 계신다. 그럴 때는 집중하기 좋은 교회나 공공장소를 선택해 보실 수 있으면 좋겠다.

분명한 사실은, 준비한 만큼 하나님과의 교제 시간은 더욱 풍성해진다. 하나님의 말씀은 그 어떤 산해진미보다도 맛있게 늘 우리 곁에 있다. 문제는 이를 먹기 위해 내가 준비하느냐에 달려 있다. 준비한 만큼 깊은 묵상의 맛을 경험하게 될 것이며, 하나님과의 교제 시간을 통해 영혼이 살아나는 것을 체험하게 될 것이다.

| 말씀 묵상은 손으로 하는 것이다 |

존 파이퍼John Piper는 자신의 저서 『말씀으로 승리하라』에서 자신이 피정을 떠날 때 가지는 습관에 대해 언급했다. 가장 인상 깊었던 것은 "연필과 펜에 눈이 있다"는 부분이었다. 그는 성경을 읽을 때, 항상 노트와 연필을 곁에 둘 것을 제안했다.

> 그렇다면, 집에 돌아가서 그냥 본문을 읽지만 말고 써 보십시오. 어떤 구절이 도움이 된다면 표시를 해 두고 그 구절에 관한 생각을 기록하십시오. 당신이 얻은 통찰을 모두 기록하십시오. 그런 후에 쓸 것이 다시 나타나거나 시간이 다 될 때까지 본문을 계속 읽고 쓰십시오.[1]

---

1 John Piper, *When I Don't Desire God* (Wheaton: Crossway Books, 2004); 전의우 역, 『말씀으로 승리하라』 (서울: IVP, 2010), 76.

나는 이 책을 읽는 순간, 머리를 한 대 얻어맞는 것과 같은 생각을 하게 됐다. 대부분의 사람들은 학교를 다니며 쓰면서 공부했던 경험이 있다. 연필과 펜을 들고 종이에 기록하는 모습, 요즘 같으면 태블릿 PC에 전용 펜으로 기록하는 것, 결국 기록한다는 것은 새기는 행위다. 또한 가슴에 남기는 행위이기도 하다. 그렇기에 말씀 묵상을 함에 있어서도 통찰을 얻으려면, 손을 사용해 본문에 표시하면서 보는 모습이 준비돼야 한다. "연필과 펜에 눈이 있다"는 사실을 기억하자. 그러면 내가 읽는 그 부분을 더욱 정확하게 읽어낼 수 있다.

이와 같이 연필과 펜을 사용해서 읽어내는 것은 결국 독해력을 증진시키기 위해 사용하는 방법이다. 독해력은 글을 읽는 능력이다. 그런데 독해력이 하루아침에 늘기는 쉽지 않다. 하지만 다음과 같은 습관을 들인다면, 말씀을 이해하는 독해력도 향상될 것이다.

이를 위해 눈과 손을 준비하는 것이 중요하다. 하나님의 말씀인 성경은 글로 쓰여 있다. 따라서 하나님의 말씀을 이해하려면, 눈으로 글 읽는 습관을 들이면서, 손으로는 표시하는 습관도 길러야 한다. 많은 분이 말씀을 읽을 때, 그저 읽고 지나가는 경우가 많다. 또한 말씀 묵상 잡지를 사용하는 경우 해설부터 보고 본문을 읽으시는 경우도 많다.

하지만 깊은 묵상을 위해서는 나의 독해력을 증진시켜야 한다. 이를 위해 본문을 읽다가 밑줄을 긋고 표시도 하고, 메모하는 습관을 들여야 한다. 물론 사람마다 차이가 있을 수 있다. 하지만 읽기 능력을 향상시키기 위해 반드시 손에 펜을 들고 읽는 습관을 들이자. 만일 휴대폰이나 노트북을 사용해서 묵상하시는 분이라면 반드시 메모하시면서 읽으시라고 말씀드리고 싶다. 내가 표기한 만큼 말씀이 눈에 보이게 되고, 내가 메모한 만큼 그 말씀은 내 것이 된다.

과거 법학 공부를 할 때, '판례 - 통설 - 다수설'에 따라 다른 색깔로 칠하면서 내용을 이해하려고 했다. 또한 잘 이해되지 않았던 부분은 법률 용어 사전을 찾으면서 읽었다. 그러다 보니 어렵기만 했던 법학 서적이 눈에 하나씩 들어오게 된 것이다. 그런데 성경을 이해하는 것도 법학 서적을 읽는 것과 비슷했다. 법학 서적을 이해하는 데 중요한 것이 다회독인데, 처음 읽을 때 표기하면서 보다 보니 회독 수도 빨라졌다. 그러다 보니 한눈에 많은 양을 읽어도 구분해 내는 것이 가능해졌고, 어려운 어휘가 보여도 문맥으로 이해하는 습관도 갖게 됐다. 성경 읽기가 법전 읽기와 완전히 같지는 않지만, 유사한 것은 사실이다. 성경에 나와 있는 어휘 중 이해되지 않은 부분이 있다면 주석 또는 사전을 활용해 이해한 후 성경을 읽어낸다면 더 깊은 묵상의 세계로 들어가게 된다.

말씀 묵상이 지속적으로 이뤄지려면 눈과 손을 사용한, 정확한 본문 읽기가 이행되어야 한다. 많은 분이 성경에 담겨 있는 주요 의미와 내용들을 정확히 이해하지 못한 채 신앙생활을 하곤 한다. 하지만 신앙생활에서 가장 중요한 것은 하나님의 뜻을 발견해 하나님을 아는 것이다. 하나님을 알기 위해 제대로 읽는 능력을 기르는 것은 성도에게 포기할 수 없는 과제임을 기억하자.

| 손과 발을 움직여라 |

말씀 묵상을 함에 있어서 가장 잘 안되는 부분이 말씀을 묵상한 이후의 결단과 적용이다. 지금까지 많은 분들과 말씀 묵상에 대해 어려운 점을 나눠 보면 결단과 적용을 못하는 경우가 가장 많았다. 물론 글을 쓰는 내게도 이 부분은 여전히 부담이다. 하지만 결단과 적용을 통해 삶의 변화를 경험하면, 하나님의 뜻을 하나씩 삶의 자리에 세워 나갈 수 있다는 점에서 너무나 중요하다.

많은 성도가 결단과 적용까지 나아가지 못하는 데는 여러 이유가 있다. 아직 신앙생활의 연수가 짧다는 이유로, 습관이 되어 있지 않다는 이유로, 부담이 된다는 이유 등으로 구체적인 결단과 적용을 하는 것을 두려워한다. 그러나 손과 발을 움직이지 않고, 말씀을 이해하고 해석하는 수준에서 끝내는 순간, 중요한 것들을 놓치게 된다.

함께 말씀 묵상 훈련을 하신 분들과 이야기 나누면서 가끔 이와 같은 질문을 해 본다. "집사님, 훈련하시면서 가장 많이 변하신 것은 무엇이세요"라고 물으면, 많은 분들이 다음과 같이 대답하신다.

"목사님, 경건 생활하는 습관이 잡혔습니다. 예전에는 성경 보고 기도하는 것이 전혀 이루어지지 않았는데, 이제는 자연스럽게 하는 제 모습을 보면서 가족들이 기뻐합니다."라는 답을 듣는다. 아무래도 말씀 묵상을 하고, 기도하지 않던 삶에서 이제는 하나님 말씀을 접하는 것을 행하고 있다는 뜻에서 하시는 말씀일 것이다.

하지만, 이 질문의 핵심은 경건 생활하는 습관이 들었냐가 아니다. 경건 생활하는 습관이 세워짐으로 말미암아 삶의 어떤 변화들이 일어났는지를 물어보고 싶은 것이다. 가령, 말씀을 통해 섬기는 삶의 중요성에 대해 배운 사람이라면, 구체적으로 삶의 자리에서 어떤 섬김이 일어났는지를 보려고 질문한 것이다.

짧은 시간 훈련을 통해서 경건 생활 습관이 자리 잡게 되면, 자기도 모르게 성경 보는 눈이 열렸다는 느낌을 받는다. 그동안 경험하지 못했던 정말로 감사한 변화다. 분명 하나님께서는 성경을 읽는 성도에게 분별력을 갖게 하시고, 하나님 중심으로 사고하도록 인도하신다. 문제는 머리의 공급이 이뤄지는 만큼 나의 가슴도 뛰고, 손과 발이 움직이고 있는지를 점검해 봐야 한다.

느낀 점을 쓰고 결단과 적용을 기록하고 행하는 것은 분명히 힘든 일이다. 하지만, 말씀을 거울삼아 자신을 비춰 보고 고칠 것을 확인한 사람의 삶은 차원이 다르다. 처음에는 작은 것을 실천하는 것이 부담이라 멈춰 서 있을 때가 많지만, 그것을 뛰어넘으면 하나님과의 동행을 경험하며, 변화하지 않았을 때는 전혀 느끼지 못하는 기쁨을 경험하게 된다.

그러므로 누구든지 나의 이 말을 듣고 행하는 자는 그 집을 반석

> 위에 지은 지혜로운 사람 같으리니 비가 내리고 창수가 나고 바
> 람이 불어 그 집에 부딪치되 무너지지 아니하나니 이는 주추를
> 반석 위에 놓은 까닭이요 (마 7:24-25)

말씀을 듣고 행하는 자는 그 집을 반석 위에 지은 지혜로운 사람과 같이 견고하다. 비바람이 몰아치고 바람이 불어도 손과 발을 움직여 하나님의 뜻을 행하는 사람은 무너지지 않는다. 바로 이런 변화가 삶의 자리를 채울 때, 내 삶의 작은 일에서부터 그리스도의 향기가 뿜어져 나오고 하나님이 원하시는 삶으로 나의 공간을 채우게 될 것이다.

삶의 변화에 대한 기대감이 사라져, 하나님의 뜻을 행하는 데 무뎌져 있지는 않은가. 하지만 변화가 두려워 말씀을 듣고도 반응이 없을 시, 세상의 풍파 앞에 날아가 버릴 수 있다는 사실을 잊지 말자. 손과 발을 사용해, 하나님의 말씀에 반응하고, 하나님의 뜻을 바로 세우는 데 집중하자. 그것이 믿음의 자녀가 가야 할 길이고, 지혜로운 사람으로 이 땅을 사는 방법이다.

| 함께 나누고 함께 기도하는 삶 |

말씀 묵상을 위한 중요한 부분 중 하나는 묵상한 내용을 누군가와 나누는 것이다. 같은 본문을 보아도, 사람마다 느끼는 부분이 다르다. 결국 내가 준비해 온 말씀을 동역자들과 함께 나누고

받는다면, 이를 통해 지속적인 변화의 과정을 누리게 된다. 그렇기 때문에 말씀 묵상을 할 때는 한 공동체가 같은 본문 말씀을 정해 함께 묵상하는 습관을 세우는 것이 참 중요하다.

보통 교회마다 말씀 묵상을 바로 세우기 위해 세미나를 진행해 성도들을 양육한다. 전에 부교역자로 섬기던 교회의 경우 4주간 세미나를 진행하면서, 소그룹을 이루어 말씀 묵상 나눔을 시행했다. 강사의 일방적인 가르침에서 벗어나, 다 함께 말씀 묵상하는 습관을 들일 수 있도록 세미나를 진행하는 동안 계속 나누는 연습을 행한다.

사실 말씀 묵상은 하나님과 1:1로 만나는 시간이다. 그런데 늘 바쁜 일상에 쫓기고 사는 연약한 인간이다 보니, 혼자서 습관을 들이는 것이 쉽지 않다. 그렇기 때문에 소그룹을 형성해 나누는 훈련과 연습을 해야 한다.

그런데 여기서 중요한 것은 말씀 묵상을 통한 느꼈던 부분과 함께 기도제목을 만들어 나누는 훈련을 해야 한다는 것이다. 이 때, 일차적으로는 말씀 묵상한 내용과 '결단과 적용'을 문장을 결합하여, 자신만의 기도 제목을 만드는 훈련이 중요하다.

예를 들어, "그러므로 누구든지 나의 이 말을 듣고 행하는 자는 그 집을 반석 위에 지은 지혜로운 사람 같으리니 비가 내리고 창수가 나고 바람이 불어 그 집에 부딪치되 무너지지 아니하나니 이는 주추를 반석 위에 놓은 까닭이요"[마 7:24-25]라는 말씀을 묵상했다고 생각해 보자. 이 말씀을 통해 '진정한 지혜로움은 말씀을 듣고 행하는 것이다'라는 말로 묵상 내용을 정리했다면, 말씀을 듣고 행하기 위해 '나는 매일 아침 6시에 하나님의 말씀을 30분간 골방에서 묵상한 후 기도하고, 이를 나의 소그룹 구성원들과 나누겠다'고 결단과 적용을 했다고 생각해 보자. 이런 사람이 기도 제목을 만든다면, '주여! 내 삶에 말씀을 듣고 행하는 일에 집중하게 하사, 내가 결단한 시간과 장소에서 하나님과 교제하는 삶을 계속해서 이어가게 하옵소서'라는 기도 제목을 만들 수 있으면, 훨씬 더 삶을 변화시키는 방향으로 나아가게 된다. 또한 이와 같은 기도제목을 만든 사람이라면, 혼자서만 이것을 생각할 것이 아니라 소그룹 구성원들에게 자신의 결단을 이야기하며, 오늘 작성한 기도 제목을 나누자. 만일 이와 같은 연습을 매일 하는 사람이라면, 에벤에셀의 하나님을 매일 경험하게 될 것이다. 또한 그가 누린 것들은 동역자들과의 나눔을 통해 더욱 풍성해질 것이며, 이런 소그룹이 세워지는 교회는 더욱 건강한 공동체가 될 것이다.

말씀 묵상은 단순히 말씀만 읽고 끝내는 것이 아니다. 하나님과의 교제를 통해 성도와의 교제를 위한 장을 마련하며, 복음 전파를 위해 성도를 준비시키는 훈련의 장이 되기도 한다. 결국 하나님과의 단단한 교제의 끈이 형성된 성도는 말씀 묵상을 통해 더욱 하나님의 뜻을 구하는 실제적인 기도를 하게 되며, 내 삶의 곳곳에 내재화되는 은혜를 경험하게 된다.

함께 나누고 함께 기도하는 삶을 꿈꾸는 공동체가 정말로 많다. 그것은 나의 결단으로부터 출발한다. 매일 하나님의 말씀으로 자기 정체성을 세우고, 하나님의 뜻을 세우기 위해 힘쓰자. 그것은 하나님 나라의 기틀을 세우는 일이며, 복음의 확장을 통해 하나님 나라가 점점 더 세상으로 확장되기 위해 준비하는 시간이 될 것이다.

세상으로부터 잠시 떨어져 하나님의 뜻을 바로 세우기를 소원하는 주님의 제자들이 늘어날 때, 세상도 우리를 두려워할 것이다. 제자의 삶과 공동체, 그리고 세상을 변화시키는 거룩한 원동력과도 같은 말씀 묵상하는 시간을 소중히 여기자. 놀라운 변화가 일어나지 않는 것이 오히려 이상한 일이 될 것이다.

<말씀 묵상의 실제를 위한 연습>

1. 역사서

- 등장하는 인물은 반드시 표기한다. 새롭게 등장한 인물이라면 무조건 형광펜으로 그 인물의 이름에 표기하고, 그 인물이 한 말 또는 행동에 밑줄을 긋는다. 시간과 장소에도 형광펜을 색칠한다.
- 하나님께서 인물에 대해 반응하신 말씀이 있다면, 반드시 밑줄을 긋는다. 예수님께서 하신 말씀도 동일하게 표기한다.
- 핵심은 하나님, 예수님께서 하신 말씀에 대해 집중하고, 이에 대한 듣는 사람들의 반응을 잘 볼 수 있도록 정리하는 것이다.

═ 연습 (예시 : 막 4:35-41) ═

35 그 날 저물 때에 제자들에게 이르시되 우리가 저편으로 건너가자 하시니

36 그들이 무리를 떠나 예수를 배에 계신 그대로 모시고 가매 다른 배들도 함께 하더니

37 큰 광풍이 일어나며 물결이 배에 부딪쳐 들어와 배에 가득하게 되었더라

38 예수께서는 고물에서 베개를 베고 주무시더니 제자들이 깨우며 이르되 선생님이여 우리가 죽게 된 것을 돌보지 아니하시나이까 하니

39 예수께서 깨어 바람을 꾸짖으시며 바다더러 이르시되 잠잠하라 고요하라 하시니 바람이 그치고 아주 잔잔하여지더라

40 이에 제자들에게 이르시되 어찌하여 이렇게 무서워하느냐 너희가 어찌 믿음이 없느냐 하시니

41 그들이 심히 두려워하여 서로 말하되 그가 누구이기에 바람과 바다도 순종하는가 하였더라

| 등장 인물 :

| 단락 구분 :

| 주요 등장 인물의 말과 행동 :

| 내가 생각하는 핵심 구절 :

| 적용 :

| 기도제목 :

2. 시가서

- 시인이 반복해서 하는 말이 무엇인지에 밑줄을 긋는다.
- 대조 또는 대구가 되는 단어는 항상 형광펜으로 표시한다.
- 문장 중 수식하는 표현도 표시한다.
- 전체 묵상해야 할 부분이 긴 경우 반드시 단락을 구분해서 핵심 내용을 정리한다.

== 연습 (예시 : 시 19:7-14) ==

7 여호와의 율법은 완전하여 영혼을 소성시키며 여호와의 증거는 확실하여 우둔한 자를 지혜롭게 하며

8 여호와의 교훈은 정직하여 마음을 기쁘게 하고 여호와의 계명은 순결하여 눈을 밝게 하시도다

9 여호와를 경외하는 도는 정결하여 영원까지 이르고 여호와의 법도 진실하여 다 의로우니

10 금 곧 많은 순금보다 더 사모할 것이며 꿀과 송이꿀보다 더 달도다

11 또 주의 종이 이것으로 경고를 받고 이것을 지킴으로 상이 크니이다

12 자기 허물을 능히 깨달을 자 누구리요 나를 숨은 허물에서 벗어나게 하소서

13 또 주의 종에게 고의로 죄를 짓지 말게 하사 그 죄가 나

를 주장하지 못하게 하소서 그리하면 내가 정직하여 큰 죄과에서 벗어나겠나이다

14 나의 반석이시요 나의 구속자이신 여호와여 내 입의 말과 마음의 묵상이 주님 앞에 열납되기를 원하나이다

| 단락 구분 :

| 내가 생각하는 핵심 구절 및 주요 단어 :

| 시인이 노래하고 싶어하는 것은 무엇인가?

| 적용 :

| 기도제목 :

3. 예언서

- 선지자가 대언하는 하나님의 메시지에 밑줄을 긋는다.
- 하나님의 메시지 가운데 명령어 형태의 문장에는 형광펜으로 색칠한다.
- '여호와', '하나님', '증인', '종'이라는 단어는 형광펜으로 색칠한다.

═ 연습 (예시 : 사 43:1-10) ═

1 야곱아 너를 창조하신 여호와께서 지금 말씀하시느니라 이스라엘아 너를 지으신 이가 말씀하시느니라 너는 두려워하지 말라 내가 너를 구속하였고 내가 너를 지명하여 불렀나니 너는 내 것이라

2 네가 물 가운데로 지날 때에 내가 너와 함께 할 것이라 강을 건널 때에 물이 너를 침몰하지 못할 것이며 네가 불 가운데로 지날 때에 타지도 아니할 것이요 불꽃이 너를 사르지도 못하리니

3 대저 나는 여호와 네 하나님이요 이스라엘의 거룩한 이요 네 구원자임이라 내가 애굽을 너의 속량물로, 구스와 스바를 너를 대신하여 주었노라

4 네가 내 눈에 보배롭고 존귀하며 내가 너를 사랑하였은즉 내가 네 대신 사람들을 내어 주며 백성들이 네 생명을 대신하리니

5 두려워하지 말라 내가 너와 함께 하여 네 자손을 동쪽에서부터 오게 하며 서쪽에서부터 너를 모을 것이며

6 내가 북쪽에게 이르기를 내놓으라 남쪽에게 이르기를 가두어 두지 말라 내 아들들을 먼 곳에서 이끌며 내 딸들을 땅 끝에서 오게 하며

7 내 이름으로 불려지는 모든 자 곧 내가 내 영광을 위하여 창조한 자를 오게 하라 그를 내가 지었고 그를 내가 만들었느니라

8 눈이 있어도 보지 못하고 귀가 있어도 듣지 못하는 백성을 이끌어 내라

9 열방은 모였으며 민족들이 회집하였는데 그들 중에 누가 이 일을 알려 주며 이전 일들을 우리에게 들려 주겠느냐 그들이 그들의 증인을 세워서 자기들의 옳음을 나타내고 듣는 자들이 옳다고 말하게 하여 보라

10 나 여호와가 말하노라 너희는 나의 증인, 나의 종으로 택함을 입었나니 이는 너희가 나를 알고 믿으며 내가 그인 줄 깨닫게 하려 함이라 나의 전에 지음을 받은 신이 없었느니라 나의 후에도 없으리라

| 단락 구분 :

| 내가 생각하는 핵심 구절 및 주요 단어 :

| 선지자가 말하는 핵심 메시지는 무엇인가?

| 적용 :

| 기도제목 :

4. 서신서

- 저자가 전하고자 하는 중심 내용에 밑줄을 긋는다.
- 대조, 대구 되는 표현이 있으며, 시작하는 어구에 형광펜을 색칠한다.
- 그리스도와 교회의 관계를 지시하는 표현에는 형광펜을 색칠한다.

═ 연습 (예시 : 엡 5:21-33) ═

21 그리스도를 경외함으로 피차 복종하라

22 아내들이여 자기 남편에게 복종하기를 주께 하듯 하라

23 이는 남편이 아내의 머리 됨이 그리스도께서 교회의 머리 됨과 같음이니 그가 바로 몸의 구주시니라

24 그러므로 교회가 그리스도에게 하듯 아내들도 범사에 자기 남편에게 복종할지니라

25 남편들아 아내 사랑하기를 그리스도께서 교회를 사랑하시고 그 교회를 위하여 자신을 주심 같이 하라

26 이는 곧 물로 씻어 말씀으로 깨끗하게 하사 거룩하게 하시고

27 자기 앞에 영광스러운 교회로 세우사 티나 주름 잡힌 것이나 이런 것들이 없이 거룩하고 흠이 없게 하려 하심이라

28 이와 같이 남편들도 자기 아내 사랑하기를 자기 자신과 같이 할지니 자기 아내를 사랑하는 자는 자기를 사랑하는 것이라

29 누구든지 언제나 자기 육체를 미워하지 않고 오직 양육하여 보호하기를 그리스도께서 교회에게 함과 같이 하나니

30 우리는 그 몸의 지체임이라

31 그러므로 사람이 부모를 떠나 그의 아내와 합하여 그 둘이 한 육체가 될지니

32 이 비밀이 크도다 나는 그리스도와 교회에 대하여 말하노라

33 그러나 너희도 각각 자기의 아내 사랑하기를 자신 같이 하고 아내도 자기 남편을 존경하라

| 단락 구분 :

| 내가 생각하는 핵심 구절 및 주요 단어 :

| 바울이 말하는 핵심 메시지는 무엇인가?

| 적용 :

| 기도제목 :

공간 채우기

1. 말씀 묵상의 실제에 대한 주요 원칙들을 생각해 보고 정리해 봅시다.

2. 말씀 묵상을 제대로 하기 위해 손을 사용해 묵상할 내용을 정리하고, 손과 발을 사용해 적용하는 것은 삶의 변화를 위한 기본적인 부분입니다. 이에 대한 나의 생각을 정리해 보고, 어떻게 말씀 묵상할 것인지 결단해 보는 시간을 가집시다.

3. '말씀 묵상의 실제를 위한 연습'을 통해 어려웠던 부분은 무엇이며, 앞으로 어떻게 말씀 묵상을 해 나가야 할지에 대해 자신의 생각을 정리해 봅시다.

06

말씀 묵상,
구체적으로 어떻게 해야 하는가

말씀 묵상을 하기 위해 보통 귀납법적 접근 방식의 성경 연구가 널리 퍼져 왔다. 귀납법이란 "개별적인 특수한 사실이나 원리로부터 일반적이고 보편적인 명제 및 법칙을 유도해 내는 일"[1]로서, 성경에 기록된 내용을 토대로 보편적인 명제 도출을 목적으로 성경을 읽어내는 방식이다. 물론 귀납법의 반대인 연역법적 접근을 하는 경우도 분명히 있다. 하지만 무엇보다도 왜 이런 구조화된 접근 방식으로 성경을 읽어야 하고, 또한 우리는 왜 이런 방식으로의 성경 읽기에 숙달되어야 하는지에 대한 이해가 우선되어야 한다.

---

1   네이버 사전 참조

어떻게 읽어야 하는가

전통적으로 '관찰-해석-적용'은 성경을 효과적으로 이해하고 적용하기 위해 널리 알려진 성경 공부 체계다. 이것은 말씀 묵상을 함에 있어서 구조화된 접근을 강조하는 것으로, 본문 이해를 바탕으로 실제적인 적용까지 나아가는 방법이다.

이것은 본문에서 직접 결론을 도출하려는 귀납적 성경 연구에 뿌리를 두는데, 이 같은 접근 방식은 20세기에 달라스 신학교 교수 하워드 헨드릭스^{Howard G. Hendricks}의 저서 *Living By the Book*을 통해 대중화되었다. 본문을 주의 깊게 관찰하고, 건전하게 해석하여, 성경에서 나오는 원칙을 통해 적용해야 함을 가르치고 있다.

본문에 대한 해석학적 연구는 20세기의 많은 학자들을 통해서 계속해서 강조되었다. 그중에서도 1913년 프랑스 동남부 발랑스에서 태어난 폴 리쾨르^{Paul Ricoeur}는 어떤 내용이 문서로 기록되는 순간, 해당 텍스트는 독립되어 독자와 읽는 맥락에 따라 다양한 방식으로 해석될 수 있다고 했다.

> 책은 글을 쓰는 행위와 글을 읽는 행위를 완전히 갈라놓는다. 양자 사이에는 그 어떤 소통도 없다. 글을 쓰는 행위에는 독자가 부재한다. 마찬가지로 글을 읽는 행위에서는 저자가 부재한다. 그리하여 텍스트는 독자와 저자를 이중적으로 소멸시킨다. 이러한 방식으로 텍스트는 한 사람의 목소리를 다른 사람의 청각에 직

접 연결시키는 대화의 관계를 대체해 버린다.[2]

아브라함 쿠루빌라Abraham Kuruvilla는 이를 소격화Distanciation라고 설명했다. 쿠루빌라는 "발화 사건과 발화 내용 사이에 거리가 발생한 것"이라고 말하며 "소격화는 기록을 통한 언어적 전환의 핵심적 요소이며, 모든 문서의 필수적 특징"이라 했다.[3]

이처럼 본문에 기록된 내용과 독자의 행위 사이에는 소격화가 일어날 수밖에 없기에, 오늘날의 독자인 우리는 본문의 세계에 대한 거룩한 상상력을 바탕으로 그 내용을 이해할 수밖에 없다.

정리하면, 성령의 영감을 입어 기록한 저자의 의도를 정확히 읽어내는 것이 중요하지만, 어쩔 수 없는 소격화는 일어날 수밖에 없는 것이다. 따라서 리쾨르는 해석은 단순히 본문이 말하는 문자적, 상징적, 실존적 중요성을 탐구하는 수준에서 벗어나, 다양한 수준에서 텍스트에 참여하는 것이라고 했다.[4] 본문을 관찰하고 구조적인 접근 방법을 통해 해석하는 것은 오늘날의 독자가 저자와의 거리를 좁히기 위한 방안을 넘어, 하나님의 뜻을 바로 깨닫기

---

2 Paul Ricoeur, *Interpretation Theory*: *Discourse and the Surplus of Meaning* (Texas: Tezas Christian Unic. Press. 1976); 김윤성, 조현범 역, 『해석 이론』 (파주: 서광사, 1977), 171-72.

3 Abraham Kuruvilla, *Privilege the Text*! *A Theological Hermeneutic for Preaching* (Chicago: Moody Publisher); 이승진 역, 『본문의 특권』 (서울: CLC, 2023), 62.

4 Paul Ricoeur, 『해석 이론』, 180-88.

위한 방법이라 할 수 있다.

발화자인 성령 하나님께서 성령의 감동을 받은 저자의 글을 통해, 오늘날의 독자인 우리에게 말씀하고 계신다. 이를 정확히 이해하기 위해 당시 독자들의 상황을 이해해야 할 뿐 아니라, 왜 이와 같은 글을 독자들에게 주셨는지에 대한 해석학적 접근을 해야 한다. 그러므로 큰 틀에서는 다음과 같은 질문을 하면서 읽는 연습을 하는 것이 맞다.

본문의 세계를 읽어내기 위해 독자들은 본문이 말하고 하는 것은 무엇인지, 본문의 의미는 무엇인지, 본문을 통해 느낀 것은 무엇인지, 본문에서 말하는 내용을 통해 적용해야 할 것은 무엇인지에 대해 질문해야 한다. 성경을 읽으면서, 이와 같은 질문을 반복하는 것은 말씀 묵상의 깊이를 깊게 하고 체계적으로 하나님의 뜻을 분별하게 한다. 이를 위해 귀납적 묵상을 바탕으로 한 'D형 큐티'를 생활화하는 것이 필요한데, 이를 자세히 살펴보자.

| 귀납적 말씀 묵상 - D형 큐티란 무엇인가 |

말씀 묵상을 할 때, 이와 같은 방법을 구분해서 행하는 방법을 두고 'D형 큐티'라고 한다. D형 큐티의 틀은 다음과 같다.[5]

---

5 국제제자훈련원 출판부, 『큐티학교 인도자 지침서』, 15-16.

A형 큐티는 성경을 읽고 느낀 점만 기록하는 형태의 큐티다. 이것은 초신자들을 대상으로 성경 묵상을 가르칠 때 유익한 방법이다. 왜냐하면 많은 사람에게 큐티를 읽고 느낀 점을 써보라고 이야기하면, 나누는 것에 대해서는 조금 덜 부담스러워 여기기 때문이다.

예를 들어, 요한복음 3장 16절 말씀을 읽었다고 가정해 보자. "하나님이 세상을 이처럼 사랑하사 독생자를 주셨으니 이는 그를 믿는 자마다 멸망하지 않고 영생을 얻게 하려 하심이라"는 구절을 읽었다. 말씀 묵상을 처음 하는 사람에게 "그를 믿는 자마다 멸망하지 않고 영생을 얻게 하려 한다는 것이 무슨 의미인가?"라는 질문이나, "하나님이 세상을 이처럼 사랑하셨다는 것이 무슨 의미인가?"와 같은 질문을 하면, 대답하기 어려워한다. 많은 이들은 그냥 "말씀을 말씀으로 받아들이세요"라고 가르치면서, 더 이상 해석하는 것을 원하지 않았다. 하지만 그렇게 말씀을 기억하면, 이 말씀의 궁극적 의미나 내 안에 무엇이 남는지를 알 수가 없다. 그런데 느낀 점을 써 보라고 하면, 다음과 같이 자기 말로 쓸 수 있을 것이다.

"하나님께서 세상을 사랑하셔서 자기 아들을 내게 보내셨다는 것이 너무 신기합니다. 나는 한 번도 그런 생각을 하면서 살지 못했는데, 최근 OOO를 통해 예수님을 알게 된 이후로 하나님의 사랑을 느낍니다. 그동안 하나님 사랑에 감사하지 못했음을 회개하고, 영생을 주신 하나님께 감사드립니다."

이처럼 자기 말로 말씀에 대한 느낌, 생각, 감상, 그리고 더 나아가 내게 와닿는 부분을 기록해 보는 묵상이 A형 큐티다. A형 큐티를 하면 말씀이 내게 주는 의미를 정확히 기억하게 되고, 말씀을 통한 반응을 기록할 수 있어 삶의 변화로 한 단계 나아갈 수 있게 된다.

B형 큐티는 성경을 읽고 내용 관찰과 느낀 점만 기록하는 형태의 큐티다. 보통 말씀 묵상을 하게 되면, 8-15절 정도의 범위의 본문을 묵상하는 경우가 많다. 물론 이보다 짧거나 길어도 상관은 없다. 그럴 경우, 본문의 내용을 읽고 머릿속에 기억하는 작업이 필요하다. 간혹 말씀 묵상을 하고 나서도 본문 내용이 기억나지 않는다고 하는 분들이 있다. 그것은 본문 내용을 자기 말로 정리하는 작업을 하지 않아서 일어나는 경우가 다반사다. 앞서 함께 읽은 요한복음 3장 16절의 말씀을 설명해 보라고 했을 때, 암송하는 분들은 많다. 그러나 본문을 "하나님께서 세상을 사랑하신 방법은 독생자를 믿는 자에게 영생을 주신 것이다"라고 정리하여 설명하면, 긴 문장도 한 번에 이해할 수 있게 된다.

단락이 더 길 경우에도 마찬가지다. 앞서 읽은 본문은 니고데모와 예수님의 대화에 포함되어 있는 구절이다. 니고데모는 밤에 예수님께 다가와 "당신은 하나님께로부터 오신 선생인 줄 아나이다"요 3:2라고 했다. "당신이 행하시는 이 표적을 아무도 할 수 없음이니이다"요 3:2라고 고백하며, 예수님께서 앞서 행하셨던 표적에 대한 자기 생각을 밝혔다. 예수님은 니고데모의 마음을 알아보셨다. 자신을 특별하게 보고 있는 그에게, 자신의 메시아이심을 알리기 위해 거듭남에 대해 이야기를 꺼낸 것이다. 그리고 모태에 들어갔다 나오는 것이 거듭남이 아니라, 독생자를 믿는 자가 거듭난 자임을 알리시며, 나를 믿어야 영생이 있다는 사실을 알리신다. 결국 이 같은 내용을 이해하면, 다음과 같은 말로 정리할 수 있다. "니고데모는 밤에 예수님을 찾아와 예수님을 하나님과 함께하는 선생님이라 생각했으나, 예수님께서는 거듭남의 비밀을 알리시며, 자신을 믿는 자가 영생을 얻을 수 있다는 사실을 가르치셨다"로 요약할 수 있게 된다. 이처럼 긴 내용을 짧은 문장으로 정리하는 것을 '내용 관찰'이라고 한다. 이후 느낀 점으로 자기의 반응을 정리하면, 이를 두고 B형 큐티라고 한다.

C형 큐티는 성경을 읽고 내용 관찰, 느낀 점, 결단과 적용으로 정리하는 형태의 큐티다. 앞서 내용 관찰과 느낀 점을 기록한 사람이라면, 이에 대한 자신의 결단과 적용을 기록할 수 있을 것이다. 결단과 적용은 삶의 변화를 도모하는 아주 중요한 부분으로, 많은 분이 어려워한다. 하지만, 이와 같은 삶의 변화가 쌓이게 되면, 놀라운 일을 경험하게 된다.

예를 들어, 요한복음 3장 16절을 계속해서 묵상하여 하나님의 사랑이 무엇인지를 깨달은 성도가 있다고 하자. 그 성도가 "독생자를 믿기만 하면 영생을 얻는다는 사실을 내 친구 OOO에게 말하기 위해 이번 주 점심시간에 그를 만나 함께 식사한 후 전하는 시간을 갖도록 하겠다"고 기록했다고 하자. 이처럼 구체적인 결단과 적용은 말씀 묵상을 묵상으로만 끝내는 삶이 아니 행동으로 이어지는 삶을 살게 한다. 따라서 결단과 적용까지 이어지는 말씀 묵상을 하게 되면, 삶의 작은 결단들을 바탕으로 더욱 도전적이고 변화된 삶을 도모할 수 있게 되는 것이다.

D형 큐티는 성경을 읽고 내용 관찰, 연구와 묵상, 느낀 점, 결단과 적용 전체를 기록하는 형태의 큐티다. 앞서 기록했던 내용과 함께 '연구와 묵상'을 기록하는 형태다. 이것은 말씀의 의미, 뜻, "왜 그럴까?"라는 질문 형태를 통해 본문의 의미를 깊이 있게 묵상하는 것이다.

예를 들어, 요한복음 3장 16절을 바탕으로 연구와 묵상을 한다고 했을 때, 다음과 같은 질문을 할 수 있을 것이다. "왜 하나님께서는 세상을 사랑하셔서 독생자를 보내셨는가?"라고 해보자. 이 질문에 대한 생각을 정리하려면, 독생자를 보내실 수밖에 없으셨던 이유를 확인해야 한다. 세상이 죄로 인해 물들어졌기에, 죄를 지은 자는 영벌에 처할 수밖에 없다는 사실을 인지해야, 이 질문에 대한 답을 찾을 수 있다.

또 "왜 독생자를 믿는 자마다 영생을 얻을 수 있는가?"라는 질문을 했다고 생각해 보자. 이 질문에 대한 답은 "독생자만이 이 세상의 죄를 대속할 수 있는 대표성을 가진 존재이기에, 오직 이는 하나님의 아들이신 예수님만이 하실 수 있는 일이기 때문이다"로 정리할 수 있다.

이처럼 연구와 묵상을 하면, 하나님께서 하시고자 하는 말씀이 무엇인지를 정확히 발견할 수 있다. 그러므로 이와 같은 묵상을 하는 사람은 말씀이 내게 주는 의미에 대해 훨씬 더 명확하게 이해할 수 있게 되고, 시대와 상관없이 본문이 주는 의미를 발견하게 된다.

말씀 묵상의 형태[6]				
구분	A형 큐티	B형 큐티	C형 큐티	D형 큐티
내용 관찰		O	O	O
연구와 묵상				O
느낀 점	O	O	O	O
결단과 적용			O	O

사실 A형 큐티, B형 큐티, C형 큐티, D형 큐티의 의미를 정리하는 것은 중요하지 않다. 말씀 묵상에서 중요한 것은 이 같은 형태로 내가 말씀 묵상 훈련을 하는 것이 자연스럽다는 것을 이해하는 것이 중요하다. 형태는 그저 형태일 뿐이다. 중요한 것은 내가 말씀 묵상을 잘하기 위해, 내게 맞는 맞춤형 훈련 방법을 찾고 이를 삶의 자리에서 실천하는 것이다.

말씀 묵상은 하나님과 상관없이 살던 자를 하나님과 상관있게 만드는 시간이다. 이는 말씀이신 그리스도를 알아가기 위해 힘쓰

---

6 국제제자훈련원 편집부, 『큐티학교 인도자 지침서』, 16.

는 시간이기도 하다. 말씀 묵상의 형태가 '관찰-해석-적용'이 되느냐, '내용 관찰 - 연구와 묵상 - 느낀 점 - 결단과 적용'이 되느냐가 중요한 것은 아니다. A형 큐티, B형 큐티, C형 큐티, D형 큐티의 형태 나눔이 중요한 것도 아니다. 중요한 것은 내가 말씀을 먹고 이해하고, 반응하고 적용하기 위해 구조적으로 접근할 수 있는 능력을 향상할 때, 온전한 사람으로 자라나게 된다는 것이다. 지금 내가 할 수 있는 방법을 가지고, 어떻게든 말씀 묵상을 하는 것이 중요하다. 그것이 세상을 이기고, 승리하는 방법이 아닐까.

세상은 지금도 우는 사자와 같이 나와 당신을 노리고 있다. 수많은 OTT는 나로 하여금 하나님의 뜻을 생각하지 못하게 만들고, 하나님 말씀과의 거리를 두게 한다. 그렇기 때문에 하나님의 백성다움을 지키고, 하나님의 뜻을 바로 새기는 자로 살기 위해서라도 말씀 묵상을 통해 나의 공간을 채우는 작업이 중요하다. 이를 위해 필자에게 조금 더 익숙한 '내용 관찰 - 연구와 묵상 - 느낀 점 - 결단과 적용'이라는 틀을 가지고, 다음 4단계에 대해 구체적으로 살펴보자.

공간 채우기

1. "말씀 묵상은 하나님과 상관없이 살던 자를 하나님과 상관 있게 만드는 시간이다."라는 말에 의미에 대해 이야기해 봅시다.

2. A형 큐티, B형 큐티, C형 큐티, D형 큐티에 관해 설명해 봅시다. 각 큐티별로 가지는 장단점에 관해 이야기해 봅시다. 말씀 묵상을 할 때, 형식에 맞춰서 했던 경험이 있는지 생각해 보고, 앞으로 어떻게 말씀 묵상을 할 것인지 결단해 봅시다.

07

말씀을 관찰하라
(살펴보기, 내용 관찰)

말씀 묵상은 하나님의 마음을 아는 시간이다. 시편 기자는 "내 눈을 열어서 주의 율법에서 놀라운 것을 보게 하소서"^{시 119:18}라고 고백하며, 하나님께서 행하시는 놀라운 역사들을 보기 위해 힘썼다. 하나님의 마음을 알고, 예수님께서 왜 우리를 위해 이 땅에 오셨는지를 알려면, 내 눈이 열린 상태로 하나님의 말씀을 봐야 한다. 제대로 보지 않고는 하나님께서 행하시는 역사를 볼 수 없고, 하나님의 뜻을 발견할 수 없다. 따라서 하나님의 말씀을 제대로 보기 위해 눈이 열려야 하고, 본문을 제대로 보는 습관을 가져야 한다.

그런 의미에서 내용 관찰은 주의 율법에서 놀라운 것을 보기 위해 노력하는 시간이다. 하나님께서 내게 무슨 말씀을 하시는지 발견하려면 내용 관찰을 착실하게 하는 것이 중요하다. 하지만 많은 이들이 성경 본문에 담겨 있는 의미를 정확히 보지 못하고 흘리는 경우가 많다. 그렇다면 말씀 묵상을 할 때, 내용 관찰의 단계를 어떻게 행해야 할지 생각해 보자.

| 아, 내가 거의 모든 것을 놓치고 있었구나 |

심리학 박사 알렉산드라 호로비츠Alexandra Horowitz에 관한 영상을 본 적이 있다. 그녀는 "왜 사람들은 같은 길을 걸어도 서로 다른 것을 보는 걸까?"라는 궁금증을 가졌다고 한다. 그래서 그는 그날부터 여러 전문가와 함께 동네 산책을 나갔는데, 스스로 "이 정도면 충분히 보고 듣고 느꼈겠지"라고 생각했다고 했다. 하지만 그의 생각은 착각이었다. 11번의 산책을 통해 그가 내린 결론은 "아, 내가 거의 모든 것을 놓치고 있었구나"라는 것이었다.

나는 이 영상을 보며, 말씀 묵상 시 나의 모습을 반추해 보았다. 가만히 생각해 보니 성경 말씀을 묵상할 때, 많은 것들을 건너뛰고 읽고 있는 나를 발견하게 된 것이다.

보통 사람들은 들짐승과 새를 흙으로 하나님께서 지으셨느냐고 질문하면, 왠지 모르게 흙으로 지은 것은 사람이라는 생각 때문에 우물쭈물할 때가 있다. 하지만 "여호와 하나님이 흙으로 각종 들짐승과 공중의 각종 새를 지으시고"창 2:19라는 구절을 통해 들짐승과 새도 "흙으로" 지어졌다는 사실이 명확히 나와 있다. 이는 흙으로 빚어 만든 것은 사람이라는 머릿속의 선입견이 성경 본문을 자세히 읽지 못하게 한 것이다.

다윗과 골리앗의 싸움도 생각해 보자. 보통 사람들은 다윗과 골리앗의 싸움을 1:1의 싸움으로 생각한다. 다윗이 골리앗을 직접 상대했기 때문에, 1:1의 싸움으로만 생각하는 경우가 있다. 그런데 성경을 자세히 보면, 골리앗을 호위한 군사가 있었다는 사실을 알게 된다. "블레셋 사람이 방패 든 사람을 앞세우고 다윗에게로 점점 가까이 나아가니라"삼상 17:41라는 구절이 있다. 물론 여기서 다윗과 골리앗의 싸움이 1:1의 싸움이 아니었다는 점을 강조하고 싶은 것은 아니다. 중요한 것은 성경에서 보이는 장면을 내가 정확히 그리고 있냐는 것이다.

에베소서 5장 22절부터 33절까지는 남편과 아내의 관계를 어떻게 이뤄가야 하는지에 관해 유명한 구절이 나온다. "아내들이여 자기 남편에게 복종하기를 주께 하듯 하라"엡 5:22를 세미나 도중 함께 읽으면, 남편들이 좋아하고 아내들은 싫어한다. 그리고 곧바로 "남편들아 아내 사랑하기를 그리스도께서 교회를 사랑하시고 그 교회를 위하여 자신을 주심 같이 하라"엡 5:25고 하면, 아내들은 좋아하지만, 남편들은 싫어한다. 그러나 과연 하나님께서 남편과 아내 사이의 편 가르기를 위해 이와 같은 본문을 주신 것일까? 그것이 절대 아님을 알면서도, 읽는 사람들은 자기 눈에 들어오는 것만 읽는다.

바로 이때, 본문 범위와 상관없는 21절 구절을 함께 읽자고 해 보았다. "그리스도를 경외함으로 피차 복종하라"엡 5:21 그 순간 정적이 흐른다. 본문의 핵심이 어디에 있는지를 발견했기 때문이다. 결국 서로 말을 경청하고 "피차" 복종하는 것의 의미가 사랑으로, 복종이란 단어로 표현된 것이다. 하지만 성경을 제대로 읽지 않고 자신의 눈에 들어오는 것만 읽어낼 경우, 성경 말씀에 대한 엄청난 오해를 할 때가 많아진다.

놓치는 것 없이 말씀 묵상을 하기 위해서는 내 머릿속의 선입견을 지우고, 본문 그 자체에 집중하는 습관을 가져야 한다. 단어 하나를 놓치는 순간, 내 마음대로 묵상하게 되고 하나님의 뜻을 놓치게 된다. 그래서 말씀을 묵상할 때, 연필과 펜이 필요하다. 만일 우리 손에 연필과 펜이 들려 있다면, '내가 거의 모든 것을 놓치고 있었구나'라는 고백 대신 '이런 것도 이제 보이는구나'라는 탄성이 흘러나오지 않을까.

이처럼 내용 관찰의 중요성을 깨닫는 순간, 성경이 말하고자 하는 뜻을 정확히 짚을 수 있고, 오해로부터 벗어나게 된다. 그러므로 말씀 묵상을 통한 영혼의 성장을 위해서는 이와 같은 읽기 연습을 처음부터 제대로 하는 것이 중요하다.

하나님의 뜻을 바로 알고 싶다면, 눈을 열어 주의 뜻을 발견하게 해 달라고 기도한 후 천천히 말씀을 읽자. 분명 하나님께서는 당신의 눈을 밝히시며, 그동안 보지 못했던 것들을 보게 하심으로, 새로운 지평을 여실 것이다.

| 내용 관찰, 사실을 찾아내라 |

말씀 묵상의 기본은 성경 본문이 말하는 사실^{fact}을 찾아내 정리하는 것으로부터 시작된다. 본문이 무엇을 말하고 있는지 이해해야만, 다음 단계인 연구와 묵상을 제대로 할 수 있다. 그렇기에 내용 관찰 시 가장 중요한 것은 본문 내용을 객관적으로 보고 요약할 수 있느냐다.

개인적으로 내용 관찰 훈련에서 가장 중요하다고 생각하는 것은 '문장 파악'과 '단락 나누기'다. 이것은 독서 시에도 동일한 부분이다.

문장 파악은 성경의 짧은 구절이 무엇을 말하고 있는지에 대해 확인하는 작업이다. 가령, 시편 121편 1-2절을 묵상한다고 생각해 보자. "내가 산을 향하여 눈을 들리라 나의 도움이 어디서 올까"[시 121:1]라고 저자는 자문한다. 저자가 지금 궁금한 것은 '나를 도우시는 이는 누구인가'다. 물론 깊은 묵상을 위해 "산을 향하여 눈을 들리라"의 의미를 생각하여 시인의 마음을 보다 제대로 이해할 수도 있다. 그러나 내용을 확인하기 위해서는 저자의 마음을 간단히 정리할 수 있어야 한다. 저자는 이 질문에 대해 "나의 도움은 천지를 지으신 여호와에게서로다"[시 121:2]라고 답했다. 시인의 질문과 답은 간단했다. 나를 도우시는 이는 누구인가. 바로 천지를 만드신 전능하신 여호와 하나님이라고 정리하면 된다. 문장 파악은 결코 어렵지 않다. 이렇게 짧은 문장부터 생각을 정리하는 습관을 가질 때, 내용을 정확히 이해한 상태로 다음 단계인 단락 나누기도 가능해진다.

일반적으로 말씀 묵상을 할 때, 우리는 20절을 넘기지 않는 범위 내에서 묵상한다. 길지 않는 본문을 다루기 때문에, 단락 나누기가 필요하냐고 스스로 질문할 때도 있다. 하지만 문장 파악을 반복적으로 해본 사람으로서는 조금만 범위가 늘어나도 단락 나눔을 통해 핵심 주제를 파악하는 것이 효율적임을 한 번에 안다.

단락 나누기는 주어, 목적어, 서술어 파악을 통해 중심 내용을 파악하는 작업이다. 육하원칙에 따른 내용을 끊어서 말할 수 있다면, 그것이 한 단락을 이루는 셈이다. 필자가 연재하는 "파워보이스의 묵상 공간"[1]에 기록된 묵상 내용을 보면, 본문을 5개의 문단으로 나눠서 글을 쓴다. 이는 독자에게 단락화를 통한 내용 파악을 익숙하게 만들고, 본문의 내용과 상관없이 단락 나누기가 어려운 것이 아님을 보여주기 위함이다.

단락 나누기를 할 때 가장 기본적인 방법은 한글 성경의 문장이 마무리가 되는 부분을 끊어서 읽는 것이다. 또한 영어 성경을 함께 읽는 것이 가능한 경우, 이를 한글 성경과 병행하면서 단락을 확인하면 훨씬 더 명확한 끊어 읽기를 할 수 있다. 예시를 보이기 위해, 출애굽기 15장 22-27절의 내용을 단락을 나누어 파악해

---

1 파워보이스의 묵상 공간 블로그 http://blog.naver.com/pwvoice00

보자.

22 모세가 홍해에서 이스라엘을 인도하매 그들이 나와서 수르 광야로 들어가서 거기서 사흘길을 걸었으나 물을 얻지 못하고

23 마라에 이르렀더니 그 곳 물이 써서 마시지 못하겠으므로 그 이름을 마라라 하였더라

24 백성이 모세에게 원망하여 이르되 우리가 무엇을 마실까 하매

25 모세가 여호와께 부르짖었더니 여호와께서 그에게 한 나무를 가리키시니 그가 물에 던지니 물이 달게 되었더라 거기서 여호와께서 그들을 위하여 법도와 율례를 정하시고 그들을 시험하실새

26 이르시되 너희가 너희 하나님 나 여호와의 말을 들어 순종하고 내가 보기에 의를 행하며 내 계명에 귀를 기울이며 내 모든 규례를 지키면 내가 애굽 사람에게 내린 모든 질병 중 하나도 너희에게 내리지 아니하리니 나는 너희를 치료하는 여호와임이라

27 그들이 엘림에 이르니 거기에 물 샘 열둘과 종려나무 일흔 그루가 있는지라 거기서 그들이 그 물 곁에 장막을 치니라

(출 15:22-27)

본문의 내용은 세 부분, 또는 네 부분으로 나눌 수 있다. 더 세분화할 수도 있지만, 세 부분으로 나눈다고 했을 때, 문장이 끝나는 점을 기준으로 나누면, 22-23절, 24-25a절, 25b-27절로 구분할 수 있을 것이다. 아래의 표로 중심 내용을 정리해 보자.

구분	내용
22-23절	이스라엘 백성이 홍해를 지난 후 수르 광야에 도착해서 물을 얻지 못했다. 마라에 이르렀으나 그곳은 물이 써서 마시지 못하는 곳이었다.
24-25a절	백성들은 모세에게 원망하여 자신들이 무엇을 마셔야 하느냐 물었고, 모세가 여호와께 부르짖었더니 하나님께서 한 나무를 가리키셨다. 그 나무를 물에 던졌더니 물이 달게 됐다.
25b-26절	하나님께서는 이런 이스라엘 백성에게 법도와 율례를 정하시며, 순종하고 의를 행하고 계명에 귀를 기울일 것을 말씀하셨다. 자신을 치료하는 여호와라고 밝히신 후 이스라엘 백성에게 물 샘 열둘과 종려나무 일흔 그루가 준비된 엘림으로 인도하셨다.

이 내용을 바탕으로 아래의 표와 같이 좀 더 간략하게 정리할 수 있다.

구분	내용
22-23절	홍해 도하 후 마라에 이르러 물을 마시지 못하는 이스라엘
24-25a절	이스라엘 백성의 불평에 물을 달게 하시는 하나님

| 25b-26절 | 이스라엘 백성을 위해 순종, 의, 규례 준수를 강조하시며, 엘림을 준비하신 하나님 |

표의 내용을 간략하게 정리하면, "이스라엘의 불평에도 엘림을 준비하시는 하나님"이라고 말할 수 있다. 문장의 끝을 기준으로 다음과 같은 방식으로 본문 내용을 정리하면, 쉽게 내용을 파악할 수 있게 된다. 의도적으로 끊어 읽고, 내용을 정리하는 습관을 들인다면 본문의 핵심 내용을 파악하는 것이 어렵지 않다. 시가서를 통해 좀 더 쉽게 연습해 볼 수 있다.

1. 여호와여 내가 주를 불렀사오니 속히 내게 오시옵소서 내가 주께 부르짖을 때에 내 음성에 귀를 기울이소서
2. 나의 기도가 주의 앞에 분향함과 같이 되며 나의 손 드는 것이 저녁 제사 같이 되게 하소서
3. 여호와여 내 입에 파수꾼을 세우시고 내 입술의 문을 지키소서
4. 내 마음이 악한 일에 기울어 죄악을 행하는 자들과 함께 악을 행하지 말게 하시며 그들의 진수성찬을 먹지 말게 하소서
5. 의인이 나를 칠지라도 은혜로 여기며 책망할지라도 머리의 기름 같이 여겨서 내 머리가 이를 거절하지 아니할지라 그들의 재난 중에도 내가 항상 기도하리로다
6. 그들의 재판관들이 바위 곁에 내려 던져졌도다 내 말이 달므로 무리가 들으리로다

7   사람이 밭 갈아 흙을 부스러뜨림 같이 우리의 해골이 스올 입구에 흩어졌도다

8   주 여호와여 내 눈이 주께 향하며 내가 주께 피하오니 내 영혼을 빈궁한 대로 버려 두지 마옵소서

9   나를 지키사 그들이 나를 잡으려고 놓은 올무와 악을 행하는 자들의 함정에서 벗어나게 하옵소서

10   악인은 자기 그물에 걸리게 하시고 나만은 온전히 면하게 하소서

(시 141:1-10)

시편 141편의 내용을 네 부분으로 나눠보자. 먼저 시인이 여호와 하나님을 부르고, 기도했다는 내용이 나온다. 1-2절을 한 단락으로 묶을 수 있다. 이후 3-5절에서 자신의 입에 파수꾼을 세워 지키며, 마음이 악한 일을 행하지 않게 해 달라는 간절한 기도 내용이 나온다. 6-7절에서는 재판관들이 바위에 걸려 넘어지면, 백성이 그제야 자기 말을 들을 것이고, 맷돌이 땅에 부딪쳐서 깨지듯 해골이 스올에 흩어지는 일이 있을 것이라고 했다. 이와 같은 상황 속에서 시인은 자신이 바라야 할 대상이 오직 여호와 하나님 한 분이심을 깨닫고 고백하는 부분이 8-10절이다. 이를 표로 정리해 보자.

구분	내용
1-2절	시인은 여호와께 간절한 마음으로 부르짖으며 자신의 손 드는 것이 예배가 되게 해 달라고 고백했다.
3-5절	시인은 자신의 입술을 지키시고, 죄악 행하는 자와 같이 아니하시길 구하며, 의인이 자신을 칠지라도 은혜를 여기도록 기도하겠다 고백한다.
6-7절	시인은 자신의 고백을 무리가 들을 날이 오나, 해골이 스올 입구에 흩어지는 시간까지 기다려야 할 수도 있음을 알았다.
8-10절	시인은 자신의 눈이 주를 향하며, 자신 앞에 있는 올무와 함정에서 벗어나게 해 달라고 간구한다.

이 내용을 토대로 간단하게 더 간략히 정리해 보자.

구분	내용
1-2절	부르짖는 시인의 고백
3-5절	하나님의 보호하심과 은혜를 깨닫게 해 달라는 시인의 간구
6-7절	자신의 고백이 당장에 이뤄지지 않을 수 있음을 아는 시인

| 8-10절 | 주를 향해 시선을 맞추고, 자신을 보호해 달라는 시인의 간구 |

이를 토대로 핵심 내용을 정리하면, "하나님의 보호하심을 간구하는 부르짖는 시인의 간구"라고 말할 수 있다. 이보다 더 핵심적인 제목을 붙일 수도 있을 것이다. 중요한 것은 내용 파악을 위해 스스로 정리해 보는 연습이 필요하다는 것이다. 단락 나누기 연습은 내용을 정확히 파악하기 위해 필수적이다.

| 핵심 단어, 발견하는 순간 끝이다 |

문장 확인, 단락 나누기를 제대로 하기 위해 가장 우선 되어야 할 것은 핵심 단어를 발견하는 것이다. 성도들과 베드로전서 1장 말씀으로 함께 묵상할 때 일어난 일이다.

1 예수 그리스도의 사도 베드로는 본도, 갈라디아, 갑바도기아, 아시아와 비두니아에 **흩어진 나그네**
2 곧 하나님 아버지의 미리 아심을 따라 성령이 거룩하게 하심으로 순종함과 예수 그리스도의 피 뿌림을 얻기 위하여 택하심을 받은 자들에게 편지하노니 은혜와 평강이 너희에게 더욱 많을지어다
3 우리 주 예수 그리스도의 아버지 하나님을 찬송하리로다 그

의 많으신 긍휼대로 예수 그리스도를 죽은 자 가운데서 부활하게 하심으로 말미암아 우리를 거듭나게 하사 <u>산 소망</u>이 있게 하시며

4 썩지 않고 더럽지 않고 쇠하지 아니하는 유업을 잇게 하시나니 곧 너희를 위하여 하늘에 간직하신 것이라

5 너희는 말세에 나타내기로 예비하신 구원을 얻기 위하여 믿음으로 말미암아 하나님의 능력으로 보호하심을 받았느니라

6 그러므로 너희가 이제 여러 가지 시험으로 말미암아 잠깐 근심하게 되지 않을 수 없으나 오히려 크게 기뻐하는도다

7 너희 믿음의 확실함은 불로 연단하여도 없어질 금보다 더 귀하여 예수 그리스도께서 나타나실 때에 칭찬과 영광과 존귀를 얻게 할 것이니라

(벧전 1:1-7)

1장 본문을 자세히 보면 눈에 띄는 단어가 있다. 그것은 바로 "흩어진 나그네"라는 단어와 "산 소망"이라는 단어다. 물론 다른 단어들도 중요하다. 그런데 베드로는 이 글을 읽을 수신자를 "흩어진 나그네"라 불렀다. 정착민이 아닌 나그네를 수신자로 했다는 사실에는 이유가 있을 것이기에, 이 단어의 중요성을 인지해야 한다.

이후 3절을 보면 베드로는 예수님을 두고, 죽은 자 가운데서 부활하게 하심으로 우리를 거듭나게 하시는 산 소망이 있게 하신다고 했다. "소망" 대신, "산 소망"이라고 말한 것이 눈에 들어와야

한다. 이 단어를 가지고 베드로전서 1장 1-7절의 내용을 정리해 보면, "예수님의 사도 베드로는 흩어진 나그네에게 은혜와 평강이 있을 것을 축복하며, 하나님께서 그들에게 부활과 거듭남으로 산 소망을 주셨다는 사실을 알렸다"라고 말할 수 있다.

본문의 핵심 단어를 더 많이 추출하면 할수록 본문의 내용을 훨씬 더 선명하게 읽어낼 수 있다. 예를 들어 2절의 "하나님 아버지의 미리 아심", "성령이 거룩하게 하심", "예수 그리스도의 피 뿌림"과 같은 단어는 하나하나가 너무나 중요하다. 3절에서 등장하는 "부활", 4절에서 등장하는 "유업", 5절에서 등장하는 "구원", "믿음", "보호하심", 그리고 6절의 "시험", 7절에서 나오는 "믿음의 확실함" 등은 1장 앞부분을 이해하는 주요 핵심 단어가 될 수 있다. 이렇게 핵심 단어를 추출해내면, 이를 중심으로 문장 확인과 단락 나누기가 가능해진다. 그렇다면 사사 시대의 암울한 환경 속에서도 새로운 소망이 꽃 피고 있음을 보여주는 룻기 본문 중 1장 1-5절을 통해서도 핵심 단어를 도출해 보자.

1 사사들이 치리하던 때에 그 땅에 흉년이 드니라 유다 베들레헴에 한 사람이 그의 아내와 두 아들을 데리고 모압 지방에 가서 거류하였는데

2 그 사람의 이름은 엘리멜렉이요 그의 아내의 이름은 나오미요 그의 두 아들의 이름은 말론과 기룐이니 유다 베들레헴 에브랏 사람들이더라 그들이 모압 지방에 들어가서 거기 살더니

> 3 나오미의 남편 엘리멜렉이 죽고 나오미와 그의 두 아들이 남 았으며
>
> 4 그들은 모압 여자 중에서 그들의 아내를 맞이하였는데 하나 의 이름은 오르바요 하나의 이름은 룻이더라 그들이 거기에 거주한 지 십 년쯤에
>
> 5 말론과 기룐 두 사람이 다 죽고 그 여인은 두 아들과 남편의 뒤에 남았더라
>
> (룻 1:1-5)

1절의 핵심 단어는 "사사들", "흉년", "유다 베들레헴에 한 사람", "그의 아내와 두 아들", "모압 지방", "거류" 정도로 정리할 수 있다. 2절은 등장인물이 나열되어 있는데, "엘리멜렉", "나오미", "말론과 기룐"이다. 이들이 흉년 때문에 모압 지방에 가서 거류했다는 사실을 알 수 있다. 3절의 핵심 단어는 "죽고", "남았으며"다. 모압 지방에 살려고 들어갔으나, 죽음을 맞이하게 됐다는 것이다. 4절에서는 "오르바", "룻"을 아내로 맞이했는데, 5절에서는 이 여인들만 "남았더라"고 기록되어 있다.

이를 바탕으로, "사사 시대에 엘리멜렉과 그의 가족이 흉년 때문에 모압 지방에 들어가 자녀들은 결혼까지 했으나, 살아남은 자는 나오미, 오르바, 룻 뿐이었다"라고 정리할 수 있다. 이와 같이 글을 읽고 핵심 단어를 추출하는 작업은 내용 파악을 위해 필수다. 물론 이 작업을 두고 각자가 가지는 생각은 다를 수 있다. 그러나 핵심 단어를 찾는 일을 하다 보면, 본문 내용을 간과하는 잘

못을 분명히 예방할 수 있다. 핵심 단어 추출은 본문 내용을 정확히 확인하기 위한 근간이다. 말씀 묵상 시 이와 같은 연습을 반복해서 제대로 할 수 있다면, 어떤 본문도 어렵지 않게 받아들이는 힘을 갖게 될 것이다.

| 반복은 강조, 무조건 밑줄이다 |

내용 관찰을 잘하기 위해서는 이를 위한 습관이 중요하다. 핵심 단어를 찾고, 문장 확인과 단락 나누기 실력을 갖추려면, 밑줄 긋는 습관을 들여야 한다. 밑줄 긋는 습관이 쉬운 것 같아도, 반복된 습관은 핵심 문장을 도출해 눈에 띄게 만든다.

"파워보이스의 묵상 공간" 작업을 할 때, 가장 먼저 하는 것이 밑줄 긋는 연습이다. 밑줄 긋는 연습을 해야 핵심 단어 파악이 가능하고, 문장 확인부터 단락 나누기까지 가능해진다. 간혹 성경을 깨끗이 보는 것이 미덕이라고 생각하시는 분들이 있으시다. 어떤 마음으로 그렇게 하시는지 충분히 이해할 수 있다. 하지만 책은 읽어서 내용 파악을 하기 위해 내게 주어진 것이다. 성경 말씀을 제대로 이해하는 것이 우선이지, 성경 말씀의 권위를 인정한다는 의미에서 성경책을 그냥 두는 것은 하나님께서 원하시는 바가 아닐 것이다. 밑줄 긋는 연습을 해야 주어, 목적어, 서술어 파악이 쉽게 되고, 어디서 문단을 끊어 봐야겠다는 생각도 자연스럽게 하게 된다. 그렇다면 출애굽기 15장 1-10절 말씀에 밑줄을 그으면서 본문을 읽어 보자.

1 이 때에 **모세와 이스라엘 자손**이 이 노래로 **여호와께 노래**하니 일렀으되 내가 여호와를 찬송하리니 <u>그는 높고 영화로우심이요 말과 그 탄 자를 바다에 던지셨음</u>이로다

2 **여호와는 나의 힘이요** 노래시며 **나의 구원**이시로다 그는 나의 하나님이시니 내가 그를 찬송할 것이요 내 아버지의 하나님이시니 내가 그를 높이리로다

3 **여호와는 용사**시니 **여호와는 그의 이름**이시로다

4 그가 바로의 병거와 그의 군대를 바다에 던지시니 최고의 지휘관들이 홍해에 잠겼고

5 깊은 물이 그들을 덮으니 그들이 돌처럼 깊음 속에 가라앉았도다

6 **여호와여 주의 오른손이 권능으로 영광을 나타내시니이다** 여호와여 **주의 오른손이 원수를 부수시니이다**

7 주께서 주의 큰 위엄으로 <u>주를 거스르는 자를 엎으시니이다</u> 주께서 **진노**를 발하시니 그 진노가 <u>그들을 지푸라기 같이 사르니이다</u>

8 주의 콧김에 물이 쌓이되 파도가 언덕 같이 일어서고 큰 물이 바다 가운데 엉기니이다

9 원수가 말하기를 내가 뒤쫓아 따라잡아 탈취물을 나누리라, 내가 그들로 말미암아 내 욕망을 채우리라, 내가 내 칼을 빼리니 내 손이 그들을 멸하리라 하였으나

10 <u>주께서 바람을 일으키시매 바다가 그들을 덮으니 그들이</u>

거센 물에 납 같이 잠겼나이다

(출 15:1-10)

　본문의 밑줄은 예시일 뿐이다. 개개인이 각자 중요하게 보고 싶은 문장들이 있다. 그런데, 여기서 핵심은 내용 관찰이다. 본문이 말하고자 하는 것이 무엇인지만 파악하면 된다. 그렇다면 밑줄 그은 내용을 토대로 내용을 파악해 보자. 다음과 같이 정리할 수 있을 것이다. "모세와 이스라엘 자손은 여호와를 자신의 힘과 구원, 용사라고 노래하며, 주의 오른손이 원수를 부수고 엎으시며, 여호와의 진노를 통해 그들을 지푸라기같이 사르셨고, 바람을 일으키사 바다로 그들을 덮게 하셨다."

　이처럼 밑줄을 잘 그으면, 전체 내용을 파악하는 데 너무나도 용이하게 됨을 알 수 있다. 그런데 밑줄을 너무 많이 긋는다면 내용을 줄일 수 없다. 그것은 다음에 설명할 "내 말로 설명할 수 있는가"라는 부분에 치명적인 약점으로 작용하게 된다. 그러므로 내용 관찰을 용이하게 하기 위해서는 정말로 핵심이라고 생각되는 부분만 과감하게 긋는 연습이 필요하다. 만일 밑줄 작업이 끝난 후 긋지 않은 부분에 보이는 핵심 단어가 눈에 띈다면, 그 부분은 박스 형태의 표기나, 동그라미 등을 사용해 자신만의 표기로 확인하면 되겠다.

　화자는 누구며, 서술어는 무엇인지가 선명하게 들어올 때 성경이 눈에 들어오게 된다. 단번에 하는 것이 쉽지 않다고 느껴질 수도 있다. 그러나 이런 노력이 습관화되다 보면, 자연스럽게 본문의 핵심 내용을 확인할 수 있는 힘을 가지게 될 것이다.

여기서 또 추가로 기억해야 할 부분은 반복되는 말씀에 대한 표기다. 반복은 저자가 강조하고 싶어서 행하는 말이다. 그렇기 때문에 반복되는 단어를 펼치다 보면, 병행 또는 대구를 이루는 경우를 찾아볼 수 있다. 그러므로 본문을 읽을 때, 반복되는 단어를 찾는 것은 숙명과도 같다.

예를 들어, 전도서를 보면 "헛되다"라는 서술어가 반복된다. 그렇기에 내용 관찰 과정에서 단어를 표기해 두고, 연구와 묵상 과정에서 주석 또는 사전을 참조해 의미를 파악하면, 전도서가 말하는 중심 내용을 단번에 확인할 수 있다. 또한 잠언에서는 "지혜"라는 명사가 반복된다. 때로는 지혜가 의인화되는데, 그렇기 때문에 지혜라는 단어를 표기하지 않고 읽는 것은 앙꼬 없는 찐빵을 먹는 것과 같다.

이처럼 밑줄 긋는 습관을 통해 병행, 대조, 대구 등을 표시하고, 주요 핵심 단어를 파악한다면, 말씀 묵상하는 힘을 더욱 쉽게 가질 수 있을 것이다. 이 모든 작업은 어려운 것이 아니라, 습관화되지 않았을 뿐이다. 하나님의 말씀을 정확히 이해하기 위해서는 최선이 아니라 정성을 다해야 한다. 밑줄 긋는 작업은 하나님의 뜻을 깨닫기 위해 내가 해야할 최고의 정성이다.

| 내 말로 설명할 수 있는가 |

드라마를 보거나, 영화를 보고 나서는 내용을 잘 설명하는 경우가 많다. 아무래도 영상을 통해 이해하는 것이 눈과 귀를 동시에 사용하기 때문에 좀 더 편하게 느껴지는 듯하다. 그런데 말씀 묵상은 기본적으로 기록된 글을 이해하는 일이다. 이해가 되지 않은 상태에서는 내 언어로 설명하는 것이 어렵다. 그렇기 때문에 내용 관찰을 잘했는지 알 수 있는 가장 좋은 방법이 본문 내용을 내 언어로 다른 사람에게 설명할 수 있는가를 확인하는 것이다. 만일 본문 내용을 내가 성경을 보지 않은 상태로 다른 사람에게 설명할 수 있으면 그것은 본문을 이해한 것이다. 가령 마태복음 5장 13-16절의 내용을 보고 자기 언어로 표현하는 연습을 한다고 생각해 보자.

> 13 **너희는 세상의 소금이니** 소금이 만일 **그 맛을 잃으면 무엇으로 짜게 하리요** 후에는 아무 쓸 데 없어 다만 밖에 버려져 사람에게 밟힐 뿐이니라
>
> 14 **너희는 세상의 빛이라** 산 위에 있는 동네가 **숨겨지지 못할 것이요**
>
> 15 사람이 등불을 켜서 말 아래에 두지 아니하고 **등경 위에 두나니 이러므로 집 안 모든 사람에게 비치느니라**
>
> 16 이같이 **너희 빛이 사람 앞에 비치게 하여** 그들로 너희 착한 행실을 보고 하늘에 계신 너희 아버지께 영광을 돌리게 하라
>
> (마 5:13-16)

13절에서 핵심 내용은 "너희는 세상의 소금"이라는 것이다. 예수님께서는 "소금이 만일 맛을 잃으면 무엇으로 짜게 하리요"라고 말씀하신다. 정리해 보면 소금은 맛을 잃으면 안 된다는 것이다. 14-15절에서 핵심 내용은 "너희는 세상의 빛"이다. "산 위에 있는 동네"가 숨기지 못하고 드러나는 것처럼 항상 등불은 등경 위에 두고 모든 사람에게 비쳐야 한다고 했다. 16절에서는 "너희 빛이 사람 앞에 비치게 하여" 이를 통해 선한 영향력을 끼쳐 하나님께 영광을 돌리게 하라는 것이 핵심 내용이다. 전체를 정리하면, "예수님의 제자는 세상의 소금으로 맛을 잃어서는 안 된다. 예수님의 제자는 빛으로 모든 사람에게 영향을 끼쳐 착한 행실로 하나님께 영광이 되게 해야 한다"고 말할 수 있다.

간단한 본문이지만, 자기 말로 정리하고 쓰는 연습을 하면, 본문을 더욱 정확하게 이해하게 된다. 이렇게 자기 언어로 써보고, 이야기하며 다른 사람에게 설명할 때, 본문을 정확히 이해할 수 있다. 만일 혼잣말로라도 말한다면, 스스로 본문 내용을 정리하는 힘을 기를 수 있다. 이처럼 내용 관찰에 있어서 자기 말로 바꿔 설명하는 연습을 하면, 성경을 읽고, 쓰고, 말하는 훈련을 동시에 함으로써, 말씀 묵상의 깊이를 더할 수 있을 것이다.

내용 관찰은 말씀 묵상을 위한 시작으로, 본문 내용이 파악돼야 다음 단계로 나아갈 수 있다. 그러므로 말씀을 자기 언어로 정리가 가능할 때, 더 깊은 말씀 묵상의 세계로 나아갈 수 있게 된다.

내용 관찰 시 핵심 단어를 표기하면서 읽는 것, 단락 나누기를 통해 확장된 문장을 자기 언어로 정리하는 것에 집중하자. 이렇게 훈련을 하다 보면, 자신도 모르게 말씀 보는 눈이 열리게 되며, 이를 통해 더 깊은 말씀의 바다로 빠져들게 될 것이다. 무엇을 하든 첫 단추를 잘 끼워야 한다. 바르게 끼워진 첫 단추는 옷을 바르게 입기 위한 첫걸음이다.

공간 채우기

1. 내용 관찰에 있어서 내가 그동안 놓치고 있었던 부분은 무엇인지 생각해 봅시다.

2. 내용 관찰을 정확하게 하기 위해 내가 결단해야 할 것은 무엇이며, 이를 어떻게 실천할 것인지 나눠 봅시다.

08

말씀에게 질문하라
(생각하기, 연구와 묵상)

말씀 묵상에는 왕도가 없다. 많이 읽어야 하고 생각해야 한다. 많이 읽은 만큼 신구약 성경 전체 흐름을 보게 되고, 많이 생각한 만큼 성경 속에 내포되어 있는 하나님의 뜻을 발견하게 된다. 하지만 어렵다는 이유로 포기하는 순간 깊은 곳에서부터 우러나오는 달고 오묘한 말씀을 맛보지 못하게 된다.

　그렇다면 어떻게 읽어야 할까? 어떻게 해야 주님의 말씀을 깊게 이해할 수 있을까? 내용 관찰 이후 많은 이들이 어려워하는 연구와 묵상 부분을 함께하며, 말씀 속에 담겨 있는 하나님의 뜻을 생각해 보자.

| 연구와 묵상은 왜 중요할까 |

　말씀 묵상을 할 때, 내용 관찰을 하고 난 다음의 단계를 보통 '해석'이라 한다. 쉽게 말해 말씀에 담긴 의미를 파악하는 단계다. 과거 많은 한국 교회 성도들은 해석하는 것이 목회자의 영역이라 여겨 해석에 대해 깊이 있게 생각하지 못했다. 그러다 보니, 말씀의 의미가 궁금해도 해석하는 것 자체를 두려워하는 일들이 많았다. 하지만 하나님께서는 성경을 누구나 읽을 수 있게 하셨다. 물론 목회자들의 설명과 방향을 따르는 것은 반드시 필요하다. 그러나 기본적인 해석을 통한 의미 파악을 미루면 하나님의 뜻을 온전히 이해할 수 없다.

　처음 성경을 읽는 성도에게 해석의 과정을 요구하는 것은 분명 쉬운 일이 아니다. 처음에는 내용 관찰만 잘할 수 있게 해야 한다. 그런데 성도가 영적으로 성장하려면, 말씀을 읽고 의미가 무엇인지를 파악하는 과정이 필요하다. 이때 주석, 사전, 다른 역본 등을 확인하면서 파악하는 것, 다시 말해 성경의 해석을 위한 다른 도구를 사용해서 찾는 과정을 '연구'라고 한다. 연구를 통해서는 시대적 배경, 장소 등을 확인해 말씀의 의미를 확인한다. 또한 연구를 바탕으로 거룩한 상상력을 발휘해 말씀이 가진 의미를 정리하는 것을 '묵상'이라고 한다. 묵상은 앞뒤 문맥을 통해 발견하게 된 필자의 심정이나, 뉘앙스 등을 성경적 세계관에 근거해 정제된 언어로 정리한 것이다.

사실 성경을 읽을 때, 이 차이를 구분하는 것이 중요하지 않다. 이는 성경 공부 교재를 만들 때, 소그룹 인도하는 사람에게는 중요하다. 교재를 제작하는 사람은 연구 질문 자체를 많이 넣을수록 교재의 수준이 올라간다는 것을 안다. 그러나 한 개인이 말씀 묵상을 할 때는 이 구분이 중요하지 않다. 중요한 것은 '연구'와 '묵상'의 구분이 아니라, '연구와 묵상'을 어떻게 하느냐다.

왜 연구와 묵상이 중요할까? 그것은 성경 본문에서 말하고자 하는 의미를 파악하는 것이 하나님의 뜻을 파악하는 길이기 때문이다. 저자의 의도를 모르고 글을 읽는 것은 마치 이해되지 않는 언어의 책을 읽는 것과 같다. 과거 학부 시절 법학을 전공했던 나는 처음 『민법총칙』이란 책을 읽으면서 좌절했었다. 당시 법학 도서들은 조사 빼고 전부 한자로 편집되어 있었기에, 한자를 모르고서는 책을 이해할 수 없었다. 일일이 옥편을 찾으면서 읽는 연습을 반복한 후에야, 읽는 속도가 향상되고 조금은 더 쉽게 이해할 수 있었다.

성경을 읽는 것도 마찬가지다. 만일 우리 손에 들려진 성경이 히브리어 성경, 헬라어 성경뿐이었다면, 우리는 엄청난 시간을 들여야만 성경의 내용을 이해할 수 있었을 것이다. 하지만 다행히도 번역된 한글 성경 덕분에 이 같은 수고는 덜어도 된다.

대신 연구와 묵상을 위해 시대적 배경을 아는 연습은 반드시 해야 한다. 시대적 배경을 알고 읽으면 훨씬 이해가 쉬워진다. 가령 요한일서, 요한이서, 요한삼서를 읽을 경우, 영지주의자에 대한 내용을 알고 읽으면 사도 요한이 쓴 내용을 더 정확히 파악할 수 있다. 영지주의자는 육은 악하고, 영은 선하다고 생각하는 자들로, 예수님께서 성육신하신 것을 부정했던 자들이다. 사도 요한은 이들의 주장이 잘못된 것이며, 세상을 미혹하고 있다고 생각했다. 그래서 요한일서의 시작 부분부터 육신의 몸을 입고 오신 예수님에 대해 자세히 기술한다.

> 태초부터 있는 생명의 말씀에 관하여는 우리가 들은 바요 눈으로 본 바요 자세히 보고 우리의 손으로 만진 바라 (요일 1:1)

그런데 이런 내용은, 요한복음의 구절을 아는 상태에서 봐야 정확한 이해가 가능하다. 이 말씀은 태초에 말씀으로 계셨던 그리스도께서 "육신이 되어 우리 가운데 거하시매…"요 1:14라는 일이 거짓이 아니라 많은 이들의 눈, 손을 통해 확인된 사실임을 보이기 위해 요한이 기술하였기 때문이다. 사도 요한은 영지주의자의 주장이 잘못됐음을 단번에 설명하고자 편지를 이와 같은 내용으로 시작했다. 이처럼 말씀을 정확히 이해하기 위해 연구의 과정은 너무 중요하다.

이 구절을 통해 묵상의 중요성도 살펴보자. 사도 요한은 왜 "눈으로 본 바요 자세히 보고 우리의 손으로 만진 바라"는 표현을 사용했을까. 사도 요한은 눈과 손이라는 표현을 사용해, 예수님의 성육신을 우리가 이미 확인했다는 사실을 드러내고 싶었음을 알 수 있다. 즉, 예수님의 존재에 대해 나만 증인이 아니라, 우리 모두가 증인임을 드러내기 위해 이와 같은 표현을 사용한 것이다. 또한 예수님의 성육신과 부활의 의미를 강조하기 위해 처음부터 이러한 표현을 사용했다고 생각할 수 있을 것이다.

이처럼 연구를 통해 말씀의 배경을 이해한 후, 거룩한 상상력을 통해 말씀의 의미를 찾아가는 것은 너무도 중요하다. 저자가 말하고자 하는 뜻의 의미를 정확히 이해하고, 알아가기 위해 묵상은 반드시 필요하다. 이를 토대로 요한일서 2장의 다음 부분을 읽어보자.

21 내가 너희에게 쓰는 것은 너희가 진리를 알지 못하기 때문이 아니라 알기 때문이요 또 모든 거짓은 진리에서 나지 않기 때문이라

22 거짓말하는 자가 누구냐 예수께서 그리스도이심을 부인하는 자가 아니냐 아버지와 아들을 부인하는 그가 적그리스도니

23 아들을 부인하는 자에게는 또한 아버지가 없으되 아들을 시인하는 자에게는 아버지도 있느니라

24 너희는 처음부터 들은 것을 너희 안에 거하게 하라 처음부터 들은 것이 너희 안에 거하면 너희가 아들과 아버지 안에 거하리라

25 그가 우리에게 약속하신 것은 이것이니 곧 영원한 생명이니라

26 너희를 미혹하는 자들에 관하여 내가 이것을 너희에게 썼노라

(요일 2:21-26)

여기에는 사도 요한이 이 글을 쓰는 이유가 정확히 드러나 있다. 이는 독자가 진리를 알고 있기 때문이다. 또한 예수님께서 그리스도이심을 부인하는 자들은 거짓말하는 자임을 말하고 있다. 하나님과 예수님을 부인하는 자가 적그리스도이며, 이것이 진리라는 것이다. 이처럼 거짓으로 미혹하는 자들이 있기 때문에, 진리 안에 거할 것을 요구하기 위해 이 글을 썼음을 알 수 있다.

이것은 사실 내용 관찰 부분에 해당된다. 그런데 앞서 연구를 통해 영지주의자가 있음을 알았기에, 이 부분의 내용이 훨씬 더 명확하게 이해되는 것이다. 만일 본문을 읽고 연구를 바탕으로 묵상한 내용을 정리하면, "진리 안에 거할 때 흔들리지 않는다"라고 할 수 있다. 이것은 하나님과 예수님을 인정하고 그 안에 거할 때, 미혹하는 자들로부터 보호받을 수 있음을 드러낸다.

이렇게 묵상을 반복하면, 성도는 자연스럽게 성경적 세계관을 하나씩 장착할 수 있다. 그런데, 잘못된 해석하면 어떨까라는 우려 때문에 이런 묵상을 하는 것을 기피하는 경우도 있다. 하지만 잘못된 해석이 염려된다면 주변에 있는 목회자들에게 확인하면 된다. 또한 건강한 공동체 안에서 서로 나누며 점검받으면 이런 우려도 불식시킬 수 있다. 구더기 무섭다고 장을 못 담는 게 말이 안 되는 것처럼, 성도는 성경을 읽을 때 거룩한 상상력을 바탕으로 한 묵상 훈련을 계속해야 한다. 그것이 미혹하는 자들로부터 자신을 지키고, 나를 안전하게 지키는 길이다.

| 연구와 묵상의 기본: "왜 그럴까" |

연구와 묵상을 잘하기 위해 가져야 할 질문이 있다. 내용 관찰을 적절하게 마쳤다면, 반드시 이 질문을 해야 한다. 그것은 다름 아닌 "왜 그럴까"다. 앞서 요한일서 본문을 통해 "왜 사도 요한이 생명의 말씀에 관하여 우리가 들은 바, 눈으로 본 바, 자세히 보고 우리의 손으로 만진 바라는 표현을 썼을까?"라고 질문했기에, 이에 관해 해석을 할 수 있었다. 만일 아무 질문도 할 수 없었다면, 영지주의자에 관한 연구도 불가능했을 것이고, 첫 절의 의미도 파악할 수 없었을 것이다. 이것은 요한일서 2장 1-6절을 묵상할 때도 동일하게 적용된다.

1 나의 자녀들아 내가 이것을 너희에게 씀은 너희로 죄를 범하지 않게 하려 함이라 만일 누가 죄를 범하여도 아버지 앞에서 우리에게 대언자가 있으니 곧 의로우신 예수 그리스도시라

2 그는 우리 죄를 위한 화목제물이니 우리만 위할 뿐 아니요 온 세상의 죄를 위하심이라

3 우리가 그의 계명을 지키면 이로써 우리가 그를 아는 줄로 알 것이요

4 그를 아노라 하고 그의 계명을 지키지 아니하는 자는 거짓말 하는 자요 진리가 그 속에 있지 아니하되

5 누구든지 그의 말씀을 지키는 자는 하나님의 사랑이 참으로 그 속에서 온전하게 되었나니 이로써 우리가 그의 안에 있는

　　　　줄을 아노라

6　그의 안에 산다고 하는 자는 그가 행하시는 대로 자기도 행
　　할지니라

(요일 2:1-6)

"그는 우리 죄를 위한 화목제물"^{요일 2:2}이란 단어가 나온다. 예수님께서 우리 죄를 위한 화목제물이 되셨다는 것인데, 이에 대해 이렇게 질문할 수 있을 것이다. "화목제물의 조건은 무엇이며, 예수님께서 화목제물이 되셨다는 것은 무엇을 의미하는가?"라고 말이다. 이 질문에 답하기 위해서는 구약 성경의 다른 구절을 통해 화목제물이 어떻게 드려지는 것인지를 알아야 한다. 이를 위해 레위기 3장 1-2절을 읽어보자.

> 사람이 만일 화목제의 제물을 예물로 드리되 소로 드리려면 수컷이나 암컷이나 흠 없는 것으로 여호와 앞에 드릴지니 그 예물의 머리에 안수하고 회막 문에서 잡을 것이요 아론의 자손 제사장들은 그 피를 제단 사방에 뿌릴 것이며 (레 3:1-2)

레위기 3장 1절에는 화목제물의 조건이 나오는데, "수컷이나 암컷이나 흠 없는 것"으로 드려야 한다는 것이다. 이는 죄를 속하기 위한 제물의 가장 기본적인 요소다. 이후 "회막 문에서 잡을 것"과 "아론의 자손 제사장들은 그 피를 제단 사방에 뿌릴 것"이 요구된다. 즉, 화목제물은 반드시 피를 흘려야 한다. 앞서 영지주

의자들은 성육신하신 예수님을 인정하지 않았으나, 온 세상의 죄를 대속하려면 육신의 몸을 입고 오셔야 했음을 이를 통해 알 수 있다. 그러므로 예수님께서 화목제물이 되신다는 것은 예수님의 성육신을 증명하는 표현이며, 영지주의자들의 주장에 맞서 사도 요한이 변증하고 있음을 알게 된다. 이처럼 질문 하나가 저자의 의도를 파악하게 하고, 말씀에 담긴 의미를 파악할 수 있게 한다. 그러므로 "왜 그럴까"라는 질문을 하는 것은 너무 중요하다.

또 본문 후반부 사도 요한의 주장에 대해 "왜 그의 계명을 지키는 것이 하나님 사랑으로 온전해지는 길인가?"라는 질문을 할 수 있다. 사도 요한은 진리 안에 거하는 것의 중요성을 거듭 강조하며, 또한 주님의 말씀을 지키는 것이 진리 안에 거하는 것이라고 주장한다. 여기서 주님의 말씀을 지키는 자라는 말은 요한복음 3장 16절과 요한복음 15장 7절을 통해 이해할 수 있다.

> 하나님이 세상을 이처럼 사랑하사 독생자를 주셨으니 이는 그를 믿는 자마다 멸망하지 않고 영생을 얻게 하려 하심이라 (요 3:16)

> 너희가 내 안에 거하고 내 말이 너희 안에 거하면 무엇이든지 원하는 대로 구하라 그리하면 이루리라 (요 15:7)

주님께서 니고데모에게 하신 말씀 중 하나님께서 세상을 사랑하셨기에, 독생자를 주셨다는 내용이 있다. 이는 그를 믿는 것이 멸망하지 않고 영생하는 길인데, 바로 이것이 하나님의 사랑이라는 뜻이다. 여기서 하나님의 사랑이 죄인을 살리시기 위함임을 알 수 있다. 한편 사도 요한은 예수님 안에 거하는 것을 주님의 말이 너희 안에 거하는 것이라고 표현했다. 결국 주님의 말씀을 내 안에 담아두고 지키는 것이 하나님의 사랑을 성취하는 방법임을 알 수 있다.

이를 바탕으로 말씀을 묵상하여 정리하면, "말씀 안에 거하는 삶이 하나님 사랑 안에 거하는 삶이다"라고 표현할 수 있다. 이와 같이 다른 구절을 토대로 말씀에 담긴 의미를 파악하고, 그것을 정리하면 연구와 묵상을 통한 성경 읽기가 완성된다.

이처럼 성경을 읽을 때, "왜 그럴까"라는 질문을 바탕으로 읽는 연습을 해야 성경이 말하고는 내용을 알 수 있다. 그러므로 진리를 바르게 파악하기 위해서라도 "왜 그럴까"라는 질문은 계속되어야 한다. 내가 가진 호기심과 의문은 성경 말씀을 의심하기 위한 도구가 아니라, 성경 말씀을 안에 거하기 위한 확신을 위한 디딤돌이다. 질문할수록 주님 안에 거하게 되고, 질문할수록 하나님의 뜻이 선명해진다.

"왜 그럴까"라는 질문을 포기하지 말자. 영적 성장을 위해 반드시 구비해야 할 자양분이다.

| 한 문장으로 자신의 묵상 정리하기 |

"왜 그럴까"라는 질문을 토대로 연구와 묵상을 연습하다 보면,

말씀을 이해하는 힘을 구비하게 된다. 이해되지 않던 내용이 눈에 들어오고, 하나님의 말씀을 어떻게 수용해야 할지 자연스레 생각할 수 있게 된다. 내용 관찰 후 연구와 묵상 과정을 통해 생각의 폭을 넓히는 사람일수록 하나님의 뜻을 바르게 파악할 수 있게 되는 것이다. 그러므로 하나님의 말씀을 토대로 묵상 내용을 정리하는 것은 매우 중요하다. 이는 거룩한 상상력을 통해 성경적 세계관을 장착하는 과정이기도 하다.

앞서 요한일서 2장 1-6절을 묵상하면서, "말씀 안에 거하는 삶이 하나님 사랑 안에 거하는 삶이다"라고 정리했다. 이를 토대로 보다 발전적인 묵상을 한다면 "말씀 안에 기하는 삶이 안전하다"로 정리할 수 있다. 이는 주님의 말씀이 내 안에 거할 때, 진리를 미혹하는 자들로부터 자신을 지킬 수 있음을 의미한다.

이처럼 내용 관찰뿐 아니라 연구와 묵상을 통해 한 문장으로 정리하는 연습을 하면, 본문 안에서 중심 주제를 도출할 수 있게 된다. 이를 개인적으로는 본문의 제목으로 삼아도 좋다고 생각한다.

창세기 1장의 내용을 보자. 1장 내용을 한 문장으로 정리하면, "태초에 하나님께서 천지를 6일 동안 창조하시고 보시기에 심히 좋아하셨다"라고 할 수 있다. 그런데 여기서 다음과 같이 질문해 보자. "왜 하나님께서는 천지를 창조하시고 심히 좋아하셨을까?" 혹은 "왜 하나님께서는 사람을 창조하실 때 하나님의 형상을 따라 창조하셨을까?" 같은 질문을 할 수 있다.

이에 대해 답하면, "하나님께서 천지를 창조하시고 심히 좋아하신 이유는 하나님께서 자신의 피조물들이 어우러져서 사는 모습 자체를 기쁘게 생각하셨기 때문이다"라고 할 수 있다. 또한 "하나님의 형상을 담은 인간이 통치하는 모습을 보고 싶으셨는데, 그 모습을 목도하셨기에 '보시기에 좋았더라'고 말씀하셨다"라고도 말할 수 있다. 그리고 사람을 하나님의 형상에 따라 창조하신 것은 피조물 중에서도 사람을 특별하게 여기시고, 자신을 대신할 대리 통치자로 여기셨기 때문이 아닐까 생각해 본다.

그렇다면 지금까지 묵상한 내용을 토대로 창조에 대한 하나님의 생각을 정리해 보자. 아마 다음과 같이 정리할 수 있다.

"창조는 하나님의 마음이 투영된 가장 즐거운 사역이다."

물론 이보다 더 탁월한 문장으로 정리하실 수 있는 분들이 많다. 개인적으로 이와 같이 문장으로 정리하는 작업을 자주 하는 편인데, 이렇게 본문을 곱씹을수록 본문의 메시지를 도출하는 능력이 향상 된다.

물론 연구와 묵상을 하는 일은 쉽지 않다. 성경을 읽는 것과 함께 사고를 해야 하기 때문에 많이 읽고 쓰는 것 또한 동반되어야 한다. 하지만, 이렇게 자신이 묵상한 내용을 정리하는 연습을 한다면, 훨씬 더 본문을 깊이 있게 볼 수 있다.

실제로 필자의 경우 지금까지 훈련생들과 D형 큐티 및 IBS^{Inductive Bible Study}를 할 때, 연구와 묵상을 바탕으로 한 줄 정리까지 함께 했더니 많은 분이 말씀 묵상에 흥미를 가지시는 것을 보았다. 물론 쉬운 일은 아니지만, 그렇다고 어려운 일도 아니다. 그저 익숙하지 않은 일이며, 반복적으로 훈련돼 있지 않기에 어렵게 느껴질 뿐이다. 하지만 이 역시 반복적인 연습이 된다면, 성경 말씀을 묵상함으로써 영적 성장을 경험하는 좋은 방법이 될 것이다.

그렇다면 출애굽기 16장 1-8절을 통해 연구와 묵상을 연습해 보자.

1 이스라엘 자손의 온 회중이 엘림에서 떠나 엘림과 시내 산 사이에 있는 신 광야에 이르니 애굽에서 나온 후 둘째 달 십오일이라

2 이스라엘 자손 온 회중이 그 광야에서 모세와 아론을 원망하여

3 이스라엘 자손이 그들에게 이르되 우리가 애굽 땅에서 고기 가마 곁에 앉아 있던 때와 떡을 배불리 먹던 때에 여호와의 손에 죽었더라면 좋았을 것을 너희가 이 광야로 우리를 인도해 내어 이 온 회중이 주려 죽게 하는도다

4 그 때에 여호와께서 모세에게 이르시되 보라 내가 너희를 위하여 하늘에서 양식을 비 같이 내리리니 백성이 나가서 일용할 것을 날마다 거둘 것이라 이같이 하여 그들이 내 율법을 준행하나 아니하나 내가 시험하리라

5 여섯째 날에는 그들이 그 거둔 것을 준비할지니 날마다 거두던 것의 갑절이 되리라

6 모세와 아론이 온 이스라엘 자손에게 이르되 저녁이 되면 너희가 여호와께서 너희를 애굽 땅에서 인도하여 내셨음을 알

것이요

7 아침에는 너희가 여호와의 영광을 보리니 이는 여호와께서 너희가 자기를 향하여 원망함을 들으셨음이라 우리가 누구이기에 너희가 우리에게 대하여 원망하느냐

8 모세가 또 이르되 여호와께서 저녁에는 너희에게 고기를 주어 먹이시고 아침에는 떡으로 배불리시리니 이는 여호와께서 자기를 향하여 너희가 원망하는 그 말을 들으셨음이라 우리가 누구냐 너희의 원망은 우리를 향하여 함이 아니요 여호와를 향하여 함이로다

(출 16:1-8)

이를 세 부분으로 나눌 수도 있고, 네 부분으로 나눌 수도 있고, 두 부분으로 나눌 수도 있다. 여기서는 네 부분으로 단락을 나누어보면 1-3절, 4-5절, 6-7절, 8절로 구분할 수 있다.

구분	내용
1-3절	이스라엘 백성이 신 광야에 이르렀을 때, 모세와 아론에게 자신들의 먹지 못함에 대해 자신들을 죽게 하려 한다고 불평했다.
4-5절	여호와께서 모세에게 하늘에서 양식을 비같이 주실 것이라고 하시며 날마다 거둘 것이라고 말씀하셨다.
6-7절	모세와 아론은 이스라엘 자손에게 저녁이 되면 하나님께서 이스라엘 백성을 애굽 땅에서 인도해 내신 것을 알게 하실 것이라고 말했다.
8절	모세는 하나님께서 저녁에는 고기를 주시고, 아침에는 떡으로 배불리실 것이라 했으며, 여호와께서 이스라엘 백성의 원망을 들으셨다는 것도 알렸다.

단락별 주요 내용을 표로 정리했다. 이를 토대로 한 문장으로 내용 관찰을 한다면, "먹을거리 때문에 불평하는 이스라엘을 향해 고기와 떡을 준비하시는 하나님"이라 표현할 수 있을 것이다. 물론 "하나님께서 불평하는 이스라엘을 향해 고기와 떡을 준비하시다"로 정리할 수도 있다. 이처럼 한 문장으로 정리하는 습관을 들이면, 내용이 머리에 들어오게 된다. 이제 '연구와 묵상'을 위해 단락별로 두 가지 질문을 해보자.

구분	내용
1-3절	1. 왜 이스라엘 백성은 홍해의 갈라짐을 경험했음에도 불구하고 모세와 아론을 원망했는가? 2. 이스라엘 백성이 애굽 땅 고기 가마 곁에 앉아 있던 때를 기억했다는 것은 무엇을 의미하는가?
4-5절	1. 하나님께서 모세에게 하신, 이스라엘 백성을 위하여 하늘의 양식을 비같이 내리실 것이란 말씀의 의미는 무엇인가? 2. 여섯째 날에 날마다 거둔 것의 갑절로 주시겠다는 것은 무엇을 뜻하는가?
6-7절	1. 모세가 이스라엘 백성에게 저녁이 되면 출애굽 하게 하신 하나님의 뜻을 알고, 아침에는 여호와의 영광을 보리라고 말한 이유는 무엇인가? 2. 모세는 왜 "우리가 누구이기에"라는 말로 이스라엘 백성의 원망을 책망했는가?
8절	1. 여호와께서 이스라엘 백성의 원망에도 불구하고 아침저녁으로 먹이시는 이유는 무엇인가? 2. 이스라엘 백성의 원망이 그쳐야 하는 궁극적인 이유는 무엇인가?

연구와 묵상을 위해 단락별로 "왜 그럴까?"라는 질문을 제시했다. 단락별로 2개씩만 추려 보았는데, 더 많은 질문도 기술할 수

도 있다. 이와 같은 질문에 답하면, 본문을 통해 하나님께서 주시는 뜻을 알 수 있게 된다. 그럼 단락별로 질문에 맞는 묵상 내용을 정리해 보자.

구분	내용
1-3절	1. 왜 이스라엘 백성은 홍해의 갈라짐을 경험했음에도 불구하고 모세와 아론을 원망했는가? - 이스라엘 백성은 홍해가 갈라지는 역사를 경험하고서도, 배고픔 때문에 모세와 아론을 원망다. 이것은 지도자에 대한 불신 때문에 일어난 일이다. 그리고 그들은 죽었으면 좋겠다는 말도 쉽게 하는 어리석음을 보인다. 이것은 하나님께서 베풀어 주신 은혜를 잊었기 때문이다. 은혜를 잊으면, 원망이 나온다. 원망은 은혜를 잊어버린 백성이 지닌 가장 큰 특징이다. 2. 이스라엘 백성이 애굽 땅 고기 가마 곁에 앉아 있던 때를 기억했다는 것은 무엇을 의미하는가? - 이스라엘 백성이 하나님의 인도하심을 잊었다는 뜻이다. 출애굽을 통해 참 자유를 주신 하나님의 인도하심을 잊었다. 차라리 노예로 살던 시기가 좋다는 불평은 하나님을 경외하지 않는 표현이기도 하다. 하나님을 경외하지 않는 백성에게 미래란 없다. 그들은 하나님의 인도하심을 기억해야 하고, 하나님의 도우심 가운데 있다는 사실을 상기해야 했다. 이처럼 은혜를 상실한 백성은 말도 함부로 한다는 것을 알 수 있다.

구분	내용
4-5절	1. 하나님께서 모세에게 하신, 이스라엘 백성을 위하여 하늘의 양식을 비같이 내리실 것이란 말씀의 의미는 무엇인가? - 하나님께서는 이스라엘 백성의 원망을 들으셨다. 하늘의 양식을 비같이 내리신다는 것은 엄청난 양을 부어주시겠다는 것이다. 이것은 하나님의 전능하심이 드러나는 장면이자, 이스라엘 백성의 원망을 원치 않으신다는 것이 드러내는 장면이다. 어쩌면 화가 나셨다고도 볼 수 있다. 하나님의 전능하심을 의심하는 순간 하나님의 진노를 살 수 있다는 것을 잊지 말자. 하나님을 신뢰하는 백성에게 하나님의 긍휼하심이 있다. 2. 여섯째 날에 날마다 거둔 것의 갑절로 주시겠다는 것은 무엇을 뜻하는가? - 하나님께서는 일곱째 날에는 거둘 것을 주지 않으시겠다고 말씀하신다. 일곱째 날을 하나님께서 따로 구별하신 여호와의 성일로 지키기 위해 여섯째 날에만 갑절의 거둔 것을 허락하신 것이다. 이처럼 하나님께서는 누구보다도 자기 백성이 하나님을 기억하길 원하셨다. 하나님을 경외하고, 경배하는 백성과 하나님은 함께 하신다. 하나님의 공급하심을 계속 누리고 싶다면, 하나님 앞에서 온전히 구별한 날을 지켜야 한다.

구분	내용
6-7절	1. 모세가 이스라엘 백성에게 저녁이 되면 출애굽 하게 하신 하나님의 뜻을 알고, 아침에는 여호와의 영광을 보리라고 말한 이유는 무엇인가? - 하나님께서는 저녁에는 고기로, 아침에는 떡으로 채우겠다고 하셨다. 먹을 것으로 원망했던 이스라엘 백성 앞에서 자신이 누구인지를 보이시겠다는 뜻이다. 하나님께서는 자기 백성의 찬송을 받으셔야 할 분이시고, 영광 받으셔야 할 분이다. 광야는 하나님의 은혜를 경험하고, 경배해야 할 장소이지, 원망할 장소가 아니다. 2. 모세는 왜 "우리가 누구이기에"라는 말로 이스라엘 백성의 원망을 책망했는가? - 모세는 이스라엘 백성의 원망에 대해 자격 없음을 토로하고 있다. 결코 이스라엘 백성이 잘해서 은혜를 누리고 있는 것이 아니라는 뜻이다. 이것은 이스라엘 백성에게 받을 자격이 없음에도, 하나님께서 베풀어 주셔서 누리고 있는 하나님의 은혜를 말하고 있다. 이스라엘 백성은 결코 하나님을 원망해서는 아니 된다. 하나님을 경배하는 것이 그들의 삶이어야 한다.

구분	내용
8절	1. 여호와께서 이스라엘 백성의 원망에도 불구하고 아침저녁으로 먹이시는 이유는 무엇인가? - 하나님께서는 자기 백성을 사랑하신다. 그들의 원망에도 불구하고 그들을 먹이시는 것은 그들을 사랑하시기 때문이다. 또한 이것은 아브라함 때부터 맺으신 언약을 지키시기 위함 때문이기도 하다. 하나님은 언약을 지키시는 분으로, 자기 백성의 어리석음에도 불구하고 언약을 지키신다. 이처럼 자기 백성의 잘못에도 불구하고 끊임없이 먹이시는 하나님의 사랑을 나는 알아야 한다. 하나님은 사랑이시다. 2. 이스라엘 백성의 원망이 그쳐야 하는 궁극적인 이유는 무엇인가? - 하나님께서 은혜를 베풀어주셨기 때문이다. 이스라엘 백성은 반복적으로 하나님의 전능하심을 의심했다. 그들에게 필요한 것은 하나님의 인도하심에 대한 확신과 믿음이었다. 그러나 그들의 불신 때문에 이와 같은 사태가 발생했다. 원망은 결코 하나님의 은혜를 온전히 누리지 못하게 한다. 내 입의 원망이 그치는 순간, 하나님께서 베푸시는 은혜를 온전히 누릴 수 있다. 은혜는 내 입의 원망이 그칠 때 찾아온다.

이처럼 단락마다 2가지씩 질문을 하고, 연구와 묵상 내용을 정리했다. 사실 이 정도 본문의 길이면, 보통 1-8절 안에서 2가지 질문을 추려서 그에 답한다. 지금처럼 단락 안에서 두 가지 질문에 답하는 경우는 극히 드물다. 그런데 이와 같은 내용을 실은 이유는 하나님의 말씀을 묵상함에 있어서 한계란 없으며, 어떤 본문을 가져와도 "왜 그럴까"라는 질문에 답할 수 있음을 보기 위함이다. 반복적인 훈련을 통해 묵상 내용을 단락별로 정리할 수 있게 된다. 그렇다면 이 내용을 토대로 개인 묵상의 글을 다음과 같이 하나 정리해 보도록 하겠다.

> **한 문장 정리:**
> **광야는 원망을 늘어놓는 곳이 아니라 은혜를 경험하는 곳이다**

광야에서 사는 인생은 결코 순탄치 않다. 매일 무엇을 먹어야 할지 고민하고, 무엇을 해야 할지 생각해야 한다. 한 번도 참 자유를 누리지 못한 사람은 먹을 때 먹고, 일할 때 일하는 것이 편할 수 있다. 하지만 그 의식에서 벗어나야 참된 자유를 누리게 된다.

광야는 바로 그런 하나님의 인도하심과 자유를 누리는 곳이다. 비록 완전히 준비되지 못해 어려움이 있다 할지라도, 하나님께서 구름 기둥과 불기둥으로 인도하심을 경험할 수 있는 곳이다. 광야에서 원망을 늘어놓는 인생을 사는 사람은 은혜를 기억하는 것이 쉽지 않다. 내가 늘어놓는 원망과 불평이 은혜를 잊어버리게 만든다. 그렇기 때문에 하나님의 인도하심을 보는 것이 필요하다.

"하나님 길을 열어 주세요"라고 기도하기보다, "하나님께서 지금도 인도하신다는 것을 기억하게 해 주세요"라고 기도할 때, 지금도 인도하고 계시는 하나님의 역사를 계속해서 경험하게 된다. 하나님은 지금도 일하고 계신다. 하나님은 쉬지 않고 인도하신다.

반복적인 연구와 묵상을 하다 보면, 말씀의 내용을 토대로 지금과 같은 글쓰기가 가능하다. 지금과 같은 글쓰기가 반복되면, 내 삶으로 반응하고 적용하는 부분도 자연스럽게 실행할 수 있을 것이다.

"왜 그럴까" 이후 '한 문장으로 연구와 묵상 정리하기'는 사고의 깊이를 깊게 하고, 하나님의 뜻을 이해하는 폭도 넓힌다. 분명

이 같은 글쓰기와 생각, 사고 정리를 한 번에 해낼 수는 없다. 매 순간 성경을 읽고 글로 자신의 생각을 정리할 때, 하나님께서 인도하시는 놀라운 일들을 경험하게 될 것이다.

연구와 묵상을 포기하지 말자. 하나님께서는 성경을 통해 자신을 드러내시기 원하시고, 자기 백성이 자신의 뜻을 바로 깨닫기 원하신다.

| 각 장의 첫 절과 마지막 절에 집중하기 |

말씀 묵상을 재미있게 하려면, 성경의 숲을 미리 깨닫는 작업이 필요하다. 이를 위해 성경 전체를 개관하는 강의를 듣거나, 성경 각 권별로 정리된 책을 읽는 것은 도움이 된다. 성경을 읽을 때 특정 부분에 더 집중하는 것 또한 성경 이해에 도움을 주는 방법이다.

그중의 하나가, 성경 각 장의 첫 절과 마지막 절에 집중하는 것이다. 이렇게 읽으면 각 장이 말하는 의미를 총체적으로 이해할 수 있다. 그런데 잘 아는 성경 본문이라 생각할수록, 오히려 이것을 놓치게 된다. 본문이 낯설지 않다는 생각에, 말씀 묵상 시 선입견이 작용할 수 있기 때문이다.

창세기 1장을 예로 들어보자. 많은 이들이 창세기 1장 1절 내용을 안다. "태초에 하나님이 천지를 창조하시니라". 그렇다면 창세기 1장의 마지막 절도 기억하는가? 만일 당신이 창세기 1장의 마지막 절을 안다면, 창세기 1장 전체의 내용을 이해하는 데 큰 도움이 될 것이다.

창세기 1장의 마지막절은 "하나님이 지으신 그 모든 것을 보시니 보시기에 심히 좋았더라 저녁이 되고 아침이 되니 이는 여섯째 날이니라"장 1:31다. 앞서 1장 1절에서 하나님께서 천지를 창조하셨다고 했다. 그런데 31절에서는 하나님께서 지으신 모든 것을 보니 보시기에 심히 좋았다고 말씀하셨다. 이를 통해 1장 내용을, "태초에 천지를 지으신 하나님께서 심히 기뻐하셨다"로 정리할 수 있다.

그렇다면 창세기 2장의 내용은 무엇일까? 창세기 2장 첫 절은 "천지와 만물이 다 이루어지니라"이다. 그리고 2장의 마지막절은 "아담과 그의 아내 두 사람이 벌거벗었으나 부끄러워하지 아니하니라"장 2:25이다. 결국 "천지와 만물이 다 성취되었는데, 하나님의 피조물인 아담과 그의 아내가 창조 시에는 부끄러움이 없는 상태로 있었다"로 이해할 수 있다. 이처럼 각 장의 첫 번째 내용과 마지막 절을 읽는 것으로 '연구와 묵상'을 위한 기본적인 이해가 가능하다.

이제 창세기 3장 10절을 보자. "이르되 내가 동산에서 하나님의 소리를 듣고 내가 벗었으므로 두려워하여 숨었나이다"다. 2장 마지막 구절을 제대로 집중해서 본 사람이라면, 3장에서 아담과 그의 아내에게 부끄러움이라는 감정과 함께 두려움이라는 감정까지 생긴 것을 확인할 수 있다.

이 사실을 이해한 사람이라면, "왜 그들은 하나님의 소리를 듣고 자신이 벗었으므로 두려워하여 숨었을까?"라는 질문을 할 수 있다. 부끄러움이라는 없었던 감정과 함께, 두려움이란 감정도 생겨났기에 그 자리에 있을 수 없었던 것이다. 앞 장의 내용을 정확히 이해한 사람이, 지금의 질문에 대한 답을 좀 더 쉽게 얻을 수 있다. 이처럼 성경 각 장의 첫 절과 마지막 절을 정확하게 읽으면, 연구와 묵상을 하는 데 있어서 큰 도움을 얻을 수 있다.

마가복음 1장을 이와 같은 방식으로 정리해 보자. 마가복음 1장 1절과 45절의 내용은 다음과 같다.

하나님의 아들 예수 그리스도의 복음의 시작이라 (막 1:1)

그러나 그 사람이 나가서 이 일을 많이 전파하여 널리 퍼지게 하니 그러므로 예수께서 다시는 드러나게 동네에 들어가지 못하시고 오직 바깥 한적한 곳에 계셨으나 사방에서 사람들이 그에게로 나아오더라 (막 1:45)

마가복음 1장 1절을 통해 다음의 사실을 알 수 있다. 먼저는 "하나님의 아들"이 "예수 그리스도"라는 사실이다. 마가는 예수님을 하나님의 아들로 설명하며, 예수 그리스도는 누구신가에 대한 정체성을 명확히 했다. 그러므로 이 글을 읽는 독자에게 하나님의 아들이 예수 그리스도란 사실은 바뀌지 않는 명제다. 또한 예수는 그리스도시며, 예수 그리스도가 "복음"이라는 뜻이기도 하다. 마가는 예수님을 '기름 부음을 받은 자'로 인식했다. 그는 왕이요, 제사장이며, 선지자라는 사실과, 예수님 자체가 복음이라는 것도 명확히 했다. 누가 뭐래도 예수님이 복음이며, 하나님의 아들이신 예수님께서 이 땅을 구원할 복된 소식이라는 것이다. 그리고 이 놀라운 복음이 "시작"됐다는 사실도 알 수 있다. "시작이라"는 것은 지금부터 복음 역사의 기술을 보이겠다는 뜻이다. 또한 복음의 역사는 예수 그리스도의 사역을 통해 시작되었다는 의미도 가진다. 이처럼 마가복음 1장 1절에 담긴 의미는 그야말로 보물과도 같다. 만일 연구와 묵상을 통해 이와 같은 사실을 도출할 수 있다면, 2절부터 있을 복음의 전개 과정이 눈에 들어올 것이다.

이런 이해가 선행됐다는 것을 가정한 상태에서 마가복음 1장 45절을 읽어보자. 나병환자가 자기 몸을 고친 일을 많이 전파해, 예수님께서는 다시금 동네에 들어가시지 못하는 일이 일어났다고 했다. 복음이 가는 곳에서 기적이 일어났으나, 이를 기뻐하는 사람만 있었던 것은 아니고 싫어한 사람도 있음을 보여준다. 그런데 놀라운 사실은 예수님이 동네에 들어가시지 못하셨음에도 복음이 멈추지 않고, 예수님이 계신 한적한 곳으로 사람들이 몰려들었다는 것이다. 이처럼 시작된 복음은 결코 멈추지 않았고, 계속해서 운행되고 있음을 알 수 있다.

그렇기에 예수님께서 행하시는 복음의 역사가 계속됨을 마가복음 2장을 읽지 않아도 알 수 있다.

> 수 일 후에 예수께서 다시 가버나움에 들어가시니 집에 계시다
> 는 소문이 들린지라 (막 2:1)

실제로 복음의 역사가 멈추지 않았음을 단번에 확인할 수 있다. 이처럼 성경을 읽을 때, 각 장의 처음과 마지막을 제대로 읽는다면, 설령 중간 내용에 대한 이해가 부족하더라도 흐름을 연결하는 데는 큰 문제가 없다.

물론 모든 장의 첫 절과 마지막 절이 핵심 문장을 담았다고 볼 수는 없다. 그럼에도 이 방법을 머릿속에 넣어둔다면 장과 장 사이의 간극을 줄이고 흐름을 이해하는 데 도움을 얻게 될 것이다. 그러니 성경 각 장의 첫 절과 마지막 절에 집중하며, 오늘 묵상할 말씀 본문을 읽어보자. 분명 자신도 모르게 생긴 궁금점에 대해 비교적 쉽게 답을 찾고, 묵상의 깊이도 깊어지게 될 것이다.

| 관주 참조하기 |

말씀 묵상을 할 때, 잊지 않고 참고하면 좋은 것이 관주다[1]. 관주를 읽어야 성경 본문을 이해하는 데 추가적 통찰력을 얻을 수 있다. 특히 관주는 말씀 묵상 시 비슷한 주제 또는 사건, 개념을

---

1 네이버 사전을 참조하면, '관주'는 본문 위쪽에 밝히는 주해나 참조라는 의미이다.

연결하여 이해하는 것에 큰 도움이 된다.

성경은 하나님의 말씀이다. 하나님께서 저자들을 감동시키시어 기록된 것이 지금 이 시대에도 읽을 수 있게 전해지고 있다. 성경을 읽으며 하나님의 뜻을 바로 이해하려면, 다른 구절과의 연관성 또는 이 구절이 가지고 있는 또 다른 의미를 확인하는 것이 반드시 필요하다. 가령, 데살로니가전서 2장 7-8절을 읽으면, 우선 바울의 데살로니가교회 성도들을 향한 마음을 알 수 있다.

> 우리는 그리스도의 사도로서 마땅히 권위를 주장할 수 있으나 도리어 너희 가운데서 유순한 자가 되어 유모가 자기 자녀를 기름과 같이 하였으니 우리가 이같이 너희를 사모하여 하나님의 복음뿐 아니라 우리의 목숨까지도 너희에게 주기를 기뻐함은 너희가 우리의 사랑하는 자가 됨이라 (살전 2:7-8)

이를 정리하자면, "바울이 데살로니가교회 성도들에게 사도로서의 권위를 주장하지 않고, 부모로 그들을 자녀 삼았다"고 말할 수 있다. 그런데 이 말씀 아래의 관주에서는 "권위를 주장할 수 있으나"라는 구절을 "또는 폐를 끼칠 터이나"로 표현했다. "권위를 주장한다"와 "폐를 끼친다"는 것은 어감의 차이가 있다. 권위를 주장하는 것은 자기 권위를 내세우는 자기 주도적인 성격인 큰 반면에, 폐를 끼친다는 것은 상대방에 대한 배려의 느낌이 더 크다. 위 구절을 이해할 때는 이를 함께 고려해서 해석하는 것이 더 좋다. 결국 바울은 사도로서의 권위를 누린다면 폐를 끼친다고 생각하였고, 이로써 데살로니가교회 성도들에게 부담을 주기 싫어했다는 것으로 이해할 수 있다. 이처럼 관주는 저자가 가진 마음을 더욱 세심히 이해하는 징검다리가 된다.

구약 성경을 묵상할 때도 관주 사용은 원래의 의미를 더욱 정확하게 한다. 시편 118편 24절 말씀을 살펴보자.

> 이 날은 여호와께서 정하신 것이라 이 날에 우리가 즐거워하고 기뻐하리로다 (시 118:24)

여기서는 "정하신 것"에 관주 설명이 되어 있다. 관주에서는 이것을 "지으신 날"로 해석했다. 이를 통해 시인의 의도를 좀 더 정확히 알 수 있게 된다. 여호와께서 정하셨다는 시인의 표현은 여호와께서 날 자체를 지으셨다는 의미를 의도한 것이다. 이것은 시간을 창조하신 하나님을 더욱 깊이 있게 묵상하게 하는 단초가 된다. 이처럼 말씀의 의미를 깊이 있게 연구하기 위해서는 관주 사용이 필수다.

뿐만 아니라 관주 사용은 성경 전체를 연계하는 링크Link 역할을 한다. 이는 특히 예수님께서 구약 성경을 인용하실 때 잘 드러난다. 이를 통해 예수님께서 율법을 폐하려 하신 분이 아닌 완성하러 오신 분임을 잘 알 수 있다. 그렇다면 예수님께서 산상수훈을 전하실 때의 말씀인 마태복음 5장 21절을 살펴보자.

> 옛 사람에게 말한 바 살인하지 말라 누구든지 살인하면 심판을
> 받게 되리라 하였다는 것을 너희가 들었으나 (마 5:21)

이 구절에서 예수님은 출애굽기 20장 13절과 신명기 5장 17절을 인용하셨다. 두 구절은 십계명에 기록된 구절이다. 예수님께서는 하나님의 계명을 그대로 인용하셨고, 살인하면 심판을 받는다는 말로 이 구절을 완성하셨다. 이렇듯 마태복음 5장 21절을 묵상하며 관주를 참조한다면, 신구약 성경을 연결하면서 성경을 볼 수 있게 된다. 이와 같은 관주의 사용은 성경 전체의 연결과 정확한 의미 파악을 위해 반드시 필요한 부분이다. 그러므로 올바른 연구와 묵상을 통해 말씀 묵상의 깊이를 더하고 싶다면, 관주의 적극적인 활용이 반드시 선행되어야 한다.

| 다른 역본 참조하기 |

성경을 읽으면서 이해가 되지 않을 때, 가장 좋은 해결책은 다른 역본을 살피는 것이다. 요즘은 인터넷에 너무나 좋은 역본들이 많이 올라와 있어서 쉽게 다른 역본을 찾을 수 있다.

일반적으로 성도들에게 많이 권면하는 사이트는 갓피아다.[2] 갓피아에 들어가면, 개역개정 4판, NIV, 개역한글, 쉬운 성경, 공

---

2 http://www.godpia.com

동번역, 현대인의성경, 표준새번역, 헬라어(신약), 히브리어(구약)을 볼 수 있다. 일반적으로 개역개정 4판을 많이 사용하는데, 다른 역본을 비교 대조해서 함께 본다면, 본문 연구에 많은 도움을 받을 수 있다.

예를 들어, 산상수훈 말씀 가운데 "너희는 세상의 소금이니 소금이 만일 그 맛을 잃으면 무엇으로 짜게 하리요 후에는 아무 쓸데 없어 다만 밖에 버려져 사람에게 밟힐 뿐이니라"마 5:13는 구절이 있다. 물론 이것만 읽어도 이 말씀의 핵심은 "소금은 짠맛을 잃어서는 안 된다"라고 이해할 수 있다. 그런데 새번역을 보면 "너희는 세상의 소금이다. 소금이 짠 맛을 잃으면, 무엇으로 그 짠 맛을 되찾게 하겠느냐? 짠 맛을 잃은 소금은 아무데도 쓸 데가 없으므로, 바깥에 내버려서 사람들이 짓밟을 뿐이다"라고 기술되어 있다. 여기서는 "짠 맛을 되찾게 하겠느냐?"라고 표현됐다. "소금이 짠 맛을 잃으면 맛을 되찾을 수 없다"라고 더 강조되어 있음을 알 수 있다. 이처럼 익히 알고 있는 성경 구절이라 할지라도 역본 비교를 통해 의미를 명확하게 하면, 훨씬 더 깊은 묵상으로 나아갈 수 있게 된다.

목회자들에게는 바이블 허브를 추천한다.[3] 말 그대로 이 사이트는 성경의 허브와도 같은 역할을 한다. 원어 성경부터, 다양한

---

3 http://biblehub.com

영어 번역본이 있으며, 다양한 단어의 뜻과 용례를 확인할 수 있다. 필자의 경우도 이 사이트에서 설교 준비하는 데 많은 도움을 얻었다.

이처럼 인터넷에는 다양한 역본을 이용할 수 있는 사이트들이 많다. 사실 성경 연구를 하는데 자료가 없어서 연구하지 못하는 시대는 지났다. 오히려 자료가 너무 방대하기에, 이 자료를 분별해 내는 것이 어려운 시대가 되었다. 그래서 가장 안전한 것이 성경 역본을 비교 대조하면서, 성경 내용을 이해하는 것이다.

요즘은 AI$^{\text{Artificial Intelligence}}$ 기술의 발달로 성경 내용을 챗지피티 ^{ChatGPT}와 같은 곳에 물으시는 부분도 많다. 이를 잘 활용하면 확실히 연구에 도움을 받을 수 있다. 하지만 한편으로는 신학적 정립이 이루어지지 않은 상태에서 무분별하게 내용을 참조하는 것은 자칫 성경을 바르게 이해하지 못하는 단초를 제공하게 된다. 가능하다면 역본 대조를 통한 말씀 묵상으로 분별력 키우기를 우선하는 것이 가장 좋은 방법이다.

자료는 자료일 뿐이다. 말씀 묵상의 기본은 성경을 읽어내는 힘을 배양하는 것이다. 말씀 묵상이 주는 그 자체로 은혜를 입고, 힘을 길러 세상에서 승리할 수 있는 방법을 찾는 것이 우선이다.

| 생각의 확장은 하나님 나라의 확장을 이룬다 |

말씀 묵상에 깊이를 더하고 싶다면, 연구와 묵상에 흥미를 느끼는 것이 필요하다. 많은 성도들이 연구와 묵상을 부담으로 여긴다. 아무래도 바쁜 시대에 성경을 연구하고 묵상할 시간을 갖는다는 것이 쉽지 않기에 그럴 것이다. 하지만 말씀 묵상을 통해 하나님의 마음을 이해하는 시간은 너무나도 중요하다. 이와 관련하여 개인적으로는 이사야 55장 8-9절 말씀이 나의 마음에 와닿았다.

> 이는 내 생각이 너희의 생각과 다르며 내 길은 너희의 길과 다름이니라 여호와의 말씀이니라 이는 하늘이 땅보다 높음 같이 내 길은 너희의 길보다 높으며 내 생각은 너희의 생각보다 높음이니라 (사 55:8-9)

당시 이스라엘 백성은 심각한 혼란을 겪고 있었다. 그들은 죄로 인해 포로 생활을 하고 있었으며, 어려운 생활의 연속이었다. 바로 이 시기에 이사야는 하나님께서 주신 말씀을 대언했다. 이사야의 메시지는 심판에 대한 경고와 회복에 대한 약속이 담겨 있는데, 여기서 하나님의 마음을 명확히 알 수 있다.

하나님께서는 이사야를 통해 자신의 생각은 인간의 생각과 다르다는 것을 강조하셨다. 이는 하나님의 지혜가 인간이 가진 이성을 훨씬 더 뛰어넘는다는 뜻이다. 하나님께서 가시는 길은 이스라엘 백성이 가는 길과 생각보다 높다는 것이 하나님의 생각이셨다. 결론적으로, 인간은 하나님의 지혜를 넘을 수 없으며, 내 생각으로 하나님의 길을 판단할 수 없다는 뜻이다.

나는 이 말씀을 묵상하면서, 말씀 묵상의 중요성에 대해 다시 한번 깨달았다. 아무리 내가 나의 길을 계획할지라도 그 걸음을 인도하시는 분이 하나님이심을 인정해야 한다는 것이다.^{잠 16:9} 아무리 진로에 대해 고민하고, 상황과 환경에 대해 걱정해도 하나님께서 생각하시는 수준은 내 생각과 천지차이라는 것을 먼저 수용해야 한다. 그렇기에 지상명령으로 불리는 아래 구절은 아무 생각 없이 받을 것이 아니라, 믿음으로 받는 모습이 필요한 것이다.

> 그러므로 너희는 가서 모든 민족을 제자로 삼아 아버지와 아들과 성령의 이름으로 세례를 베풀고 내가 너희에게 분부한 모든 것을 가르쳐 지키게 하라 볼지어다 내가 세상 끝날까지 너희와 항상 함께 있으리라 하시니라 (마 28:19-20)

여기서 가장 중요한 부분은 제자를 삼는 것이다. 내가 제자 삼는 사역을 하면, 하나님께서 세상 끝날까지 항상 함께 있겠다고 말씀하신다. 그런데 이것이 내 생각으로는 이해가 되지 않을 때가 많다는 게 문제다. 바로 그때 이사야 55장 8-9절을 묵상함으로 "그래, 하나님의 생각은 내 생각보다 높지. 이것은 내가 믿음으로 받아야 할 부분이지, 내가 걱정할 부분이 아니야"라는 생각으로 나아가게 됐다.

내 생각에 갇혀 살아서는 결코 하나님의 역사와 동행할 수 없다. 하나님께서 나와 항상 함께 하시는 사실을 경험하기 위해서는 늘 제자 삼는 사역에 미쳐 있어야 한다. 그걸 위해 말씀 묵상을 통해 하나님의 뜻을 발견하는 것은 너무나 중요한 일이다. 정말로 협소했던 내 생각이 말씀 묵상을 통해 확장될 때, 하나님께서는 나를 통해 그 나라를 확장하신다는 것을 알게 됐다.

"생각의 확장은 하나님 나라의 확장을 이룬다."

이것은 하나님께서 말씀 묵상을 통해 내게 주신 생각이다. 간장 종지만 했던 내 믿음을 사용해서, 모든 민족을 품을 수 있도록 하나님께서 역사하신 것이다. 연구와 묵상을 통해 말씀에 담긴 의미를 파악할 때, 하나님의 마음을 정확히 알 수 있다.

혹시 오늘도 나의 생각에 갇혀 하나님의 마음을 바라보는 것에 둔감해져 있지 않았는가. 그렇다면 말씀을 조금 더 깊이 들여다보자. 현미경을 가지고 세포를 확인하듯, 말씀 한 구절 한 구절에 담긴 하나님의 뜻을 발견하기 위해 힘써 보자. 분명 이와 같은 노력을 통해 우리는 하나님의 마음을 알고, 한 걸음 더 성장한 주님의 자녀로 살아갈 수 있게 될 것이다.

공간 채우기

1. 연구와 묵상에 있어서 가장 중요한 질문은 무엇이며, 나는 평소에 어떻게 연구와 묵상을 하면서 말씀 묵상을 해 왔는지 생각해 봅시다.

2. "생각의 확장은 하나님 나라의 확장을 이룬다"는 말의 의미에 대해 생각해 보고, 말씀 묵상 중 연구와 묵상 부분과 연결해, 앞으로 어떻게 말씀 묵상에 임할지에 대해 생각해 봅시다.

09

말씀에게 반응하라
(돌아보기, 느낀 점)

말씀을 요약하고, 요약한 내용의 의미를 발견하는 과정을 말씀 묵상에서 '객관화 작업'을 한다고 표현한다. 그 이후 중요한 것은 성경 본문을 자신에게 수용하는 과정이다. 전통적인 귀납적 묵상에서는 해석 이후 바로 적용으로 이어진다. 하지만 느낀 점 쓰기를 실행하면 적용으로 바로 넘어가지 않는 완충 작용을 기대할 수 있기에, 적용에 대한 부담감을 느끼는 성도들에게 느낀 점 쓰기는 매우 중요하다.

| 느낀 점은 적용 단계로 넘어가기 위한 돌다리 |

'관찰-해석-적용'의 3단계는 오랜 시간 귀납적 묵상의 정형화된 틀로 여겨졌다. 그런데 많은 성도들이 '적용'하는데 어려움을

느낀다는 것은 오래된 사실이다. 아무래도 말씀을 통해 내재화된 내용을 삶의 자리로 끌어가는 것을 부담스러워하고, 그러다 보니 내 삶에 대한 회개 없는 형식적인 적용이 자리 잡게 된 것이다.

예를 들어, 앞서 산상수훈에서 예수님께서 "옛 사람에게 말한 바 살인하지 말라 누구든지 살인하면 심판을 받게 되리라 하였다는 것을 너희가 들었으나"마 5:21라는 말씀을 주셨다. 이 말씀을 읽고 묵상한 사람이 "사람에 대한 살인은 하나님의 뜻이 아니며 반드시 이에 따른 심판이 뒤따른다"로 정리했다고 생각해 보자. 그런데 이 사람이 "나는 사람을 살인한 적이 없어서, 심판받지 않아 감사하다. 앞으로도 사람을 살인하는 일을 하지 않겠다"고 적용했다면 어떠한가. 분명 틀린 말은 없다. 하지만 이런 적용은 삶의 변화를 도모하는 적용이 아닐뿐더러, 사실은 잘못된 내용 파악으로 연구와 묵상부터 삐거덕거렸기 때문에 이 같은 결론에 도달하게 된 것이다. 이 구절에 관한 바른 연구와 묵상을 하려면, 요한일서 3장 15절 말씀을 연구 과정을 통해 확인해야 했다.

> 그 형제를 미워하는 자마다 살인하는 자니 살인하는 자마다 영생이 그 속에 거하지 아니하는 것을 너희가 아는 바라 (요일 3:15)

만일 이 구절을 마태복음 5장 21절 말씀과 연관해서 연구와 묵상을 했다면, 결단과 적용이 달라졌을 것이다. 가령 다음과 같은 느낀 점 쓰기를 했다고 생각해 보자.

느낀 점

예수님께서 살인하지 말라는 말씀을 하셨을 때, 나는 그와 상관이 없다는 생각을 했다. 적어도 지금까지 누구를 살인한 적은 없기 때문이다. 하지만 요한일서 3장 15절 말씀을 읽으며 내 안에 어려움이 찾아왔다. 형제를 미워하는 자마다 살인한 자라는 말씀을 함께 읽는 순간 나는 많은 부담을 느끼게 됐다. 사실 최근 OOO 형제와의 다툼으로 인해 내 안에 미워하는 마음이 생겼다. 그 일 이후로 나는 그저 '안 부딪히면 돼'라는 마음만 가졌지, 미워하는 마음을 완전히 없애진 못했다. 그런데 오늘 말씀에서 미워하는 것이 살인하는 것이며, 살인하는 자에게는 심판이 따른다는 그 말씀을 보며 여전히 내 안에 해결되지 않은 문제가 있음을 알게 됐다. 나는 내 안에 가득 차 있는 OOO 형제를 미워하는 부분이 있었음을 회개하며, 다시금 관계 회복을 위해 고민하는 시간을 갖겠다.

말씀 묵상을 통해 이와 같은 느낀 점 쓰기를 하는 사람이라면, 결단과 적용은 훨씬 더 실질적일 수밖에 없다. 삶의 변화로 나아가는 결단과 적용 및 자신의 변화도 경험했을 것이다. 하지만 많은 사람들에게 결단과 적용은 여전히 부담스럽게 생각한다. 죄를 이겨내는 것과, 내 삶의 변화에 대한 도전적인 정신 및 믿음이 부족하기에 일어나는 현상이기도 하다. 하지만 '내용 관찰 - 연구와 묵상' 단계에서 말씀 묵상을 멈춰 버리면, 그것은 행함을 멈춘 믿음을 갖는 것이다.

좋은 말로 포장된 연구와 묵상이 삶의 변화를 도모하지는 않는다. 말씀을 통해 하나님의 뜻을 발견하여 성경적 가치관을 구비하기 위해 힘쓰는 중이라면, 말씀을 내 안에 새기는 과정이 필요하다. 이를 위해 말씀의 내면화를 실현시키는 과정인 느낀 점 쓰기는 매우 중요하다. 느낀 점 쓰기는 결단과 적용 단계로 넘어가기 위한 돌다리와 같은 역할이며, 자신을 말씀 앞에 세우는 변화를 위한 과정이다.

| 느낀 점, 진솔함을 드러내다 |

『평신도를 깨운다』에서 말씀 묵상의 세 번째 과정을 '반응'이라 한다. 여기서 반응이란 '의미를 깨닫고 무엇을 느끼는지를 이야기하는 것'을 의미하며, '말씀을 자기 것으로 받아들이는 내면화 과정'이라고 했다.[1] 이를 바탕으로 느낀 점에 대해 정의하면, 내용 관찰과 연구와 묵상의 내용을 정리해, 이를 바탕으로 자기 반응을 진솔하게 기술하는 과정이다.

느낀 점 쓰기에서 중요한 것은 자신을 '진솔하게' 드러내는 것이다. 죄를 범한 사람은 자신을 감추는 데 급급하다. 아담과 하와도 하나님의 명령을 어긴 후, 자신의 몸을 감추기에 바빴다. 창 3:7-8

---

1 옥한흠, 『평신도를 깨운다』, 255.

또한 죄를 범한 사람은 타인의 죄에는 냉혹하지만, 자신 앞에는 관대하다. 다윗도 자신이 죄를 범한 후 나단 선지자가 지적할 때까지 타인이 죄에 대해서는 큰 소리를 냈으나, 그 모습이 자신이라고는 생각하지 않았다.^{삼하 12:5-6} 이렇게 죄 범한 자신의 모습을 숨기고, 타인에게만 냉혹한 잣대를 들이대는 모습은 하나님께서 바라시는 모습이 아니다. 그러므로 말씀 묵상을 할 때, 성도는 진솔하게 자신을 돌아봐야 한다.

사실 두렵고 떨리는 과정이다. 하지만, 말씀 앞에 진솔하게 자신의 모습을 점검할 때마다, 성도는 매일 하나님께서 원하시는 방향으로 변화될 것이다. 어쩌면 하나님께서 가장 원하시는 모습이 아닐까. 더 이상 내면에 있는 죄로 말미암아 무거운 짐을 지고 사는 모습이 아닌, 변화를 위한 몸부림을 하나님께서 기다리고 계신다.

이처럼 자신의 진솔함을 가감 없이 드러내려면 '우리'라고 하는 복수형 단어를 버리고, '나'라는 1인칭 단수로 서술하는 습관을 길러야 한다. 말씀 묵상의 기본은 철저히 하나님과 1:1 만남을 전제로 한다. 그 말은 한 개인에 대한 진솔한 고백이 우선 되어야지, 우리라는 군중 속에서 자신의 모습을 합리화해서는 안 된다. 자기 합리화는 자신을 진솔하지 못하게 하고, 변화하는 것을 머뭇거리게 하는 걸림돌이다. 이러한 걸림돌을 제거하고 말씀 앞에 자신을 세워야 하나님께서 원하시는 은혜를 온전히 누릴 수 있다.

느낀 점 쓰기를 하라고 하면 가장 많이 하는 실수는 이것이 개인 고백인지, 묵상인지 구별하지 못할 때가 많다. 가령 "주의 말씀은 내 발에 등이요 내 길에 빛이니이다"시 119:105에 대한 구절에 대한 느낀 점 쓰기 연습을 한다고 해보자. 한 성도가 이 구절을 보고, 어둠 속에서 헤매는 자신을 떠올렸다고 했다. 그 순간 이 사람은 하나님의 말씀이 자신의 발을 밝히 비춰주고, 어둠 속에서도 걸어갈 수 있도록 인도하기 때문에, 말씀의 인도함을 받을 때 안전하다는 묵상을 한 것이다. 그렇다면 느낀 점을 쓸 때, 최근 말씀 묵상을 제대로 하지 못함에 대한 회개를 느낀 점 쓰기에 육하원칙을 기준으로 솔직하게 기록해야 한다.

하지만 "말씀을 따라 사는 것이 그리스도인에게 안전함에도 불구하고, 그렇게 살지 못했던 것을 회개한다" 정도만 쓰고 멈추는 경우가 다반사다. 이것은 느낀 점 쓰기 훈련이 안 되었을 때, 일어나는 전형적인 형태. 적어도 이 말씀을 묵상한 사람이라면, "매일 말씀 묵상하는 시간을 갖기로 했음에도 불구하고, 바쁘다는 핑계로 안전함을 버린 나를 발견했다. 말씀 묵상 시간을 저녁 10시에 갖기로 했음에도 불구하고, 피곤하다는 이유로 미룬 나의 모습을 회개한다"라는 구체적인 말로 자신의 모습을 드러내야 한다.

사실 자기 모습을 감추는 것이 미덕이라고 어릴 때부터 교육받아서 그런 지는 몰라도 자신의 연약한 부분을 솔직하게 기술하는 것을 버거워한다. 그렇다고 느낀 점 쓰기를 포기할 수는 없다. 느낀 점 쓰기는 변화를 위한 원동력이자, 말씀이라는 거울에 자신을 비춰 보는 과정이기에 반드시 훈련되어야 한다.

만일 변화를 위한 회개의 글쓰기가 어렵다면, 감사할 부분이 무엇인지를 기술하는 것도 좋은 방법이다. "최근 말씀 묵상을 하면서 나 자신의 모습을 반성하게 됐다. 말씀이 아닌 타인의 시선과 내 경험에 비추어 무엇인가 경험할 때는 두려움이 앞섰다. 하지만 말씀 묵상 시간을 가지면서 하나님의 마음을 알게 되고, 가족 안에서도 말씀 묵상을 나누면서 가정의 화목이 찾아왔다. 이 모든 것을 주관하신 하나님께 감사드린다"라는 식으로 기술하는 것도 필요하다.

중요한 것은 멈추지 않고 이 일을 계속해서 행하는 것이다. 이와 같은 작업을 반복적으로 하는 사람이라면, 자신의 비어 있는 공간을 말씀으로 채우고, 주님의 뜻을 따라가는 과정으로 한 단계 더욱 성장하는 역사를 맛보게 된다. 변화를 두려워하지 말자. 느낀 점 쓰기가 제대로 시행되는 순간부터, '나'의 성장을 위한 동력은 거침없이 커질 것이다.

| 회개와 감사는 자기 부인(自己否認)을 위한 원동력 |

앞서 느낀 점 쓰기가 부담스러운 것은 회개에 대한 내용을 기록해야 하기 때문임을 밝혔다. 그 어디에 자기의 잘못을 돌이켜 바른길로 올려놓는 노력을 쉽게 할 수 있는 사람이 있을까.

사실 말씀 묵상 강의를 하러 다니면서, 가장 많이 강조하지만, 가장 많은 어려움을 느끼는 부분이 느낀 점에서 회개 부분 쓰기였다. 한 번은 세미나를 하다가 느낀 점을 나눠 달라고 부탁드렸으나, 아무런 반응하지 않고 가만히 계시는 장로님을 만난 적이 있다. 그 순간 세미나 분위기는 얼음장처럼 차가워졌다. 그 후로는 나 역시 안전한 그룹 안에서만 이 부분을 나누도록 권면하며, 교회의 덕이 되는 방향으로 느낀 점 나누기를 진행하고 있다.

분명 이 부분을 어떻게 권해야 하는지는 정리가 쉽지 않았다. 답은 '그럼에도 불구하고' 이 방향으로 가야 한다는 것이다. 그것은 제자도의 기본 정신인 '자기 부인'을 삶의 순간에서 해내는 유일한 방법이요, 변화를 위한 작은 불씨다.

최근 형제들과 영적인 교제를 하며 함께 말씀을 나눴던 적이 있다. 소그룹이 다 끝나고 훈련에 대한 간증을 부탁드렸다. 그런데 깜짝 놀랐던 것은 자신의 모습을 드러내기 주저했던 과거의 모습을 회개하며, 변화의 방향으로 가겠다고 결단하는 분들이 많았다는 것이다. "많은 은혜를 받았다", "이 시간이 내게 있었음에 감사드린다" 정도의 나눔이 아니라, "가정 안에서 다툼이 줄이기 위해 말하는 방식을 바꿨더니 변화가 일어났다", "그동안 너무 형식적으로 예배에 참여하고, 손을 올리며 찬양하는 것을 부끄럽다고 여겼는데 이 부분에 대해 회개한다" 등 각자가 자기 마음을 하나둘씩 열어가는 모습을 보게 됐다. 이는 분명 말씀 앞에서 느낀 점 쓰기 훈련을 해 본 사람만이 가능한 이야기였다. 이를 통해 연습과 훈련을 통해 말씀 앞에 자신의 모습을 드러내기 위해 힘쓰는 공동체 가운데 하나님의 역사하심이 있음을 또다시 확인하게 된다.

또한 느낀 점 쓰기에서 중요한 것이 감사에 관한 부분이다. 사실 이전까지는 회개만 강조되었지, 감사에 관한 느낀 점이 없었다. 앞서 시편 119편 105절의 내용을 말씀 묵상한 사람이 감사에 관한 부분을 기술했다고 생각해 보자.

> **느낀 점**
>
> 나는 그동안 말씀 묵상하는 것을 중요하게 생각하지 않았다. 늘 일하는 데 급급했고, 삶의 자리가 녹록하지 않아 기도도 하는 둥 마는 둥이었다. 그러다 주변의 권면으로 말씀 묵상을 시작하게 됐다. 처음에는 '어렵다'는 생각을 지울 수 없었다. 목사님께서 하신 '어려운 것이 아니라 익숙하지 않은 것이다'라는 말을 들어도, 내 입술에는 늘 '어렵다'는 말이 붙어 있었다. 하지만 말씀 묵상을 통해 주의 말씀이 내 발의 등과 빛임을 느끼기 위해, 늘 주님의 말씀대로 사는 훈련을 하며 내 안에 부정적인 말을 줄이겠다는 결단을 반복하자, 변화가 일어났다. 과거에는 단 한 번도 느끼지 못했던 느낌과, 말할 수 없는 감사와 감동이 있었다. 이런 은혜를 주신 하나님께 감사드리며, 아울러 말씀 묵상의 자리로 인도해 주신 목사님과 순장님께 진심으로 감사드린다.

말씀 앞에서 자신의 생각들을 글로 정리하며, 감사 연습을 한다고 생각해 보자. 이와 같은 글쓰기가 모이면 '감사 일기'가 된다. 따로 일기를 쓰는 것이 아니라, 말씀 묵상을 통해 자신을 돌아보고, 감사하는 연습을 말씀을 토대로 해보는 것이다. 그러면 삶의 자리에 광장히 많은 감사할 거리들이 있음을 알게 된다.

감사는 사람의 입술에서 부정적인 말을 제거하는 힘을 준다. "쉽지 않아요", "어려워요", "힘들어요"라는 말이 어느 순간 입술에 붙어 있는 사람들이 많다. 변화를 가장 더디게 만드는 표현들이 바로 이러한 표현들이다. 이 표현들 대신, "내 모습의 변화가 있음에 감사해요", "작은 변화이지만 이와 같은 삶의 고백을 할 수 있어서 감사해요", "예전에는 예배 출석하는 것 자체가 감사한 일인 줄 몰랐으나, 아파보니 왜 이것이 감사인 줄 알겠어요. 예배에 출석할 수 있는 것 자체가 은혜에요"라고 고백하는 공동체가 된다면 어떨까. 말할 수 없는 감동이 있고, 복음을 모르는 사람들이 "어떻게 저렇게 살 수 있지"라는 말을 할 수 있게 될 것이다. 물론 이것도 연습해야 가능하다. 연습과 훈련이 없이 그냥 되는 것은 없고, 연습과 훈련 없이 거저 되는 것도 없다. 공동체 구성원 모두가 이를 의식하고 연습할 때, 변화를 위한 초석을 다질 수 있다.

어쩌면 느낀 점 쓰기라는 것을 교회에서 배울 수 있음이 감사한 일이 아닐까. 많은 이들이 자신의 변화를 싫어하고, 예수님처럼 살면 바보가 된다는 인식이 강한 상태에서 이 같은 글쓰기는 변화를 위한 원동력이 된다.

이처럼 느낀 점 쓰기는 트랙 위에서 달리다가 이 길이 아님을 깨닫고 출발점에서 다시 뛰는 듯한 느낌의 헉헉거림을 줄지도 모른다. 하지만, 말씀의 잣대로 자신을 들여다보고, 매일 기록하면서 하나님 앞에 설 때, 놀라운 변화가 일어난다는 것을 믿자. 하나님께서는 그런 당신을 하나님 나라를 넓히는 데 귀하게 사용하신다.

| Can't가 Can이 되는 비결 |

느낀 점을 쓴다는 것은 자신을 돌아본다는 뜻이다. 지속적으로 말씀 앞에 자신을 세우며, 변화를 위해 주님께 나를 맡기는 과정이기도 하다. 그런데 이 부분에 대해 "할 수 없다"는 인식이 성도들 가운데 많이 있음을 알게 됐다. 이유는 다양하다. 해보지 않은 것에 대한 두려움이 크고, 막상 하려고 하니 글을 써본 적도 없다. 자신의 모습을 들여다보고, 회개하고 감사하는 삶을 산다는 것이 낯설기도 하다.

하지만 베드로의 선언을 듣는 순간 이 삶을 멈출 수 있음을 알게 된다. 많은 이들이 베드로의 삶 하면, 주님 앞에서 세 번 부인했던 것을 많이 기억하는 듯하다. 그러나 베드로가 주님을 따르는 삶의 정점을 찍었던 것은 주님께서 주셨던 사명 이후의 삶이다. 사람들은 성전에서 못 걷게 된 이를 향해 나사렛 예수의 이름으로 일어나 걸으라고 외침으로 베드로가 능력을 발휘하자 주목하기 시작했다. 하지만 베드로는 이런 그들을 향해 "왜 우리를 주목하느냐"[행 3:12]고 선포하며, 자신은 너희가 죽이라고 했던 예수님에 대한 "증인"임을 고백했다.[행 3:15] 그리고 그들을 향해 선포한 말이 이것이다.

> 그러므로 너희가 회개하고 돌이켜 너희 죄 없이 함을 받으라 이같이 하면 새롭게 되는 날이 주 앞으로부터 이를 것이요 또 주께

> 서 너희를 위하여 예정하신 그리스도 곧 예수를 보내시리니 하나님이 영원 전부터 거룩한 선지자들의 입을 통하여 말씀하신 바 만물을 회복하실 때까지는 하늘이 마땅히 그를 받아 두리라 (행 3:19-21)

베드로는 자신이 행한 일에 대해 놀랍게 반응하는 사람들에게 뼈 있는 말을 선포했다. 그들을 향해 회개하고 돌이킬 것을 명했다(Repent, then, and turn to God). 자신이 행한 일에 관심을 가지지 말고, 그들을 향해 예수님께 주목할 것을 외쳤던 것이다. 베드로의 이와 같은 용기가 어디서 나왔을까. 그는 먼저 회개하고 돌이켰기 때문에 이와 같은 선포를 할 수 있었던 것이다. 과거 예수님께서 사흘 만에 십자가로 가신다고 했을 때, "그리 마옵소서"[마 16:22]라고 외쳤던 베드로가 아니었다.

그는 자신의 과거에 대해 진정 어린 회개의 시간을 가졌기에, 사람들을 향해 변화를 촉구할 수 있었다. 베드로의 이런 모습을 통해 다음과 같은 느낀 점 쓰기를 할 수 있다.

느낀 점

나는 주님 승천하시기 전, 베드로의 모습에 사로잡혀 있었다. 그는 이미 사람들에게 회개와 죄 사함을 외치며, 회복과 부흥을 준비하는 사도로 쓰임 받은 자였다. 그는 놀랍게도 사람들에게 다시 한번 회개를 강조하며, 죄 없이 함을 받을 것을 선포했다. 그러나 나는 여전히 내 주변의 사람들에게 주님을 전하기를 두려워하고, 00를 미워하고, 사랑하지 못하는 부분을 해결하지 못하고 있다. 내 앞에 주님이 계시다면 "그리 마옵소서"라고 주님께서 행하시는 사역을 말리는 내가 여전히 있음을 회개한다.

나는 먼저 매 순간 주님 앞에서 주님의 증인 됨을 "할 수 없다"고 하는 내 모습을 바꾸기로 다짐한다. 매일 아침 주님과 교제하는 시간을 우선적으로 가지며 나 자신을 돌아보겠다. 늘 말씀 앞에 내 모습을 비추고, 말씀 묵상을 통해 회개와 감사의 일기를 쓰겠다.

그리고 미워했던 00와 연락한 후 관계 개선을 위해 무엇인가를 하도록 준비하겠다.

이처럼 말씀 묵상과 느낀 점 쓰기를 통해, 내 힘으로 "할 없다"고 생각했던 것들을 주님께 하나씩 맡기는 것이다. 더 이상은 Can't가 아니라 부정어 Can't의 t를 주님께 맡기고, 나는 내 안에서 "할 수 있다"는 마음으로 변화됨을 누리는 것이다. 그와 같이 새롭게 되는 날이 주 앞으로부터 이르게 된다는 믿음으로 하루를 살면 된다.

베드로도 분명 "Can't"라는 마음가짐으로 살았던 적이 있었다. 그러나 주님 앞에서 회개하고 사명자로 거듭나는 순간 주님께서 행할 힘을 주셨다. 그리하여 놀라운 일들을 경험하는 주님의 제자로, 담대하게 Can의 삶으로 걸어갈 수 있었다. 이제 이와 같은 능력이 내 삶에도 일어나야 한다. 할 수 없다고 미루지 말자. 나는 연약하지만 주님께 맡기며 할 수 있다는 마음을 갖자. 조용히 주님의 말씀 앞에 서서, 놀라운 일을 행하실 주님을 바라보자.

"당신도 할 수 있다"

공간 채우기

1. 느낀 점 쓰기는 지속적으로 주님께 자기 자신을 맡기는 과정입니다. 이를 꾸준히 연습하기 위해 무엇을 결단해야 할지 생각해 봅시다.

2. 느낀 점 쓰기 시 "회개와 감사는 변화를 위한 원동력"이라는 말에 대해 개인의 생각을 정리해 봅시다.

3. 골로새서 3장 15-17절 말씀을 함께 읽고, 느낀 점을 기록해 봅시다. 느낀 점을 기록할 때, 자신의 삶을 충분히 돌아보고 일기를 쓰듯이 적어 봅시다.

공간 채우기

15 그리스도의 평강이 너희 마음을 주장하게 하라 너희는 평강을 위하여 한 몸으로 부르심을 받았나니 너희는 또한 감사하는 자가 되라

16 그리스도의 말씀이 너희 속에 풍성히 거하여 모든 지혜로 피차 가르치며 권면하고 시와 찬송과 신령한 노래를 부르며 감사하는 마음으로 하나님을 찬양하고

17 또 무엇을 하든지 말에나 일에나 다 주 예수의 이름으로 하고 그를 힘입어 하나님 아버지께 감사하라

(골 3:15-17)

느낀 점

10

말씀 앞에 순종하라
(실천하기, 결단과 적용)

말씀 묵상의 마지막 단계는 '결단과 적용'이다. 말씀의 내용을 제대로 관찰한 후 고민 끝에 메시지를 끌어내고, 그에 따른 자신의 반응을 고백한 후 결단과 적용에 이른다. 많은 사람이 느낀 점 쓰기와 마찬가지로 이 단계를 어려워한다. 관성 때문에, 자신의 변화를 두려워하거나 싫어하여 '결단과 적용'을 마치 큰 산을 넘는 것처럼 여기는 것이다.

하지만, 단순히 '어렵다'라는 단어로 정리하기에는 무엇인가 빠진 느낌이 있다. 익숙하지 않아서 시간이 걸릴 뿐, 변화의 기쁨을 누린 사람이라면 말씀 묵상의 꽃은 결단과 적용이라고 말한다. 이는 경험하지 않고서는 결코 알 수 없는 말씀 묵상의 열매를 누릴 수 있기 때문에 나오는 고백이 아닐까. 이제 결단과 적용은 어떻게 하는 것이며, 이를 통해 누릴 수 있는 유익은 무엇인지 함께 생각해 보자.

| 의도적으로 제자훈련하는 교회 |

2019년 칼넷[Called to Awaken the Laity Network, CALNET] 포럼을 참석하기 위해 싱가포르를 방문했다. 나는 거기서 제자훈련 사역으로 유명한 언약복음자유교회[Covenant Evangelical Free Church, CEFC]를 섬기는 에드먼드 챈[Edmund Chan] 목사의 강의를 들을 기회가 있었다.

그는 강의를 통해 하나님께서 원하시는 특정한 부류[A Certain Kind]의 사람을 찾아내려면, 교회는 계획된 목표에 따라 의도적[Intentional]으로 훈련을 해야 함을 강조했다. 그가 말하는 제자훈련 지도자[Disciple-maker]는 다음과 같다.

> 의도적으로 시간을 투자해 그리스도의 형상 안에서 자라가는 사람을 뜻한다.[1]

그리고 이를 설명하기 위해 사도행전 4장 13절을 인용했다. 해당 구절에서 다른 이들이 베드로와 요한을 학문 없는 범인으로

---

1 Edmund Chan, *A Certain Kind: Intentional Disciple-making that Redefines Success in Ministry*(Singapore: Covenant Evangelical Free Church, 2013); 박주성 역, 『의도적으로 제자훈련하는 교회』(서울: 국제제자훈련원, 2017), 30.

알았지만, 그렇지 않았음을 보며 챈 목사는 제자에 대해 이렇게 정의했다.

> 은혜와 영적 성장과 경건에서 깊이가 있고, 하나님의 영광을 위해 하나님의 방식대로 하나님의 뜻을 이루기 위해 하나님의 권능을 구하는, 그리스도께서 주인 되시는 사람이다.[2]

"의도적"이라는 표현이 오해를 불러일으킬 수도 있다. 하지만 베드로와 요한은 예수님께서 행하시는 의도적인 훈련을 통해 자라났고, 예수님과 동행하며 제자 된 사명을 추구하는 특정 부류의 사람, 곧 제자로 거듭났다. 그렇기에 그들은 지속적인 성장을 해 왔던 것이다. 챈 목사는 제자들의 이 같은 영적 성장을 보며, 다음과 같은 생각을 하게 됐다.

> 진리를 우리에게 적용할 때 삶이 변하는 것이다. 단순히 성경적인 지식을 귀로 듣고, 기억하고, 말로 떠들어봤자 영적으로 성숙하는 것은 아니다. 잃어버린 열쇠는 바로 '적용'이다.[3]

사실 결단과 적용의 중요성은 너무 많이 들었고, 나 역시도 계속 강조했던 부분이다. 그런데 타국에서 제자훈련 목회에 목숨을

---

2 Edmund Chan, 『의도적으로 제자훈련하는 교회』, 31.
3 Edmund Chan, 『의도적으로 제자훈련하는 교회』, 111.

건 사역자의 말을 들으니, 이를 다시 한번 되새기며 결코 놓쳐서는 안 된다고 생각하게 되었다.

결단과 적용을 위해 계획하고, 의도적으로 삶을 변화시키기 위해 훈련하는 것은 변화를 두려워하는 사람에게는 여전히 큰 숙제다. 나 역시 훈련을 하면서 많은 분들의 결단과 적용을 보고 도전을 받을 때가 있었지만, 쉽지 않음을 매번 느꼈기 때문이다. 그러나 포기하는 것은 주님께서 원하시는 모습이 아님을 느낀다. 말씀을 기준 삼은 변화를 위한 몸부림은 쉬지 않고 계속돼야 한다.

| 말씀 묵상의 아름다운 마무리 |

'결단과 적용'이란 "성경을 통해 깨닫게 된 교훈을 나의 삶의 자리에서 실천하는 것"이다.[4] 이는 내용 관찰과 연구와 묵상으로 도출한 내용을 바탕으로, 느낀 점에서 제시한 회개와 감사를 구체적인 삶의 변화로 실천하는 단계라고 할 수 있다. 따라서 올바른 결단과 적용을 위해서는 그것이 말씀 묵상의 내용에서 추출된 적용인지를 살펴야 한다.

결단과 적용을 함께 연습할 때 가장 큰 문제는, 성경 본문과 연결성이 떨어지는 결단과 적용을 하는 경우가 많다는 것이다. 가

---

4 국제제자훈련원 편집부, 『큐티학교 인도자 지침서』, 75.

령 마가복음 4장 30-32절의 겨자씨 비유를 묵상했다고 하자.

> 30 또 이르시되 우리가 하나님의 나라를 어떻게 비교하며 또 무슨 비유로 나타낼까
> 31 겨자씨 한 알과 같으니 땅에 심길 때에는 땅 위의 모든 씨보다 작은 것이로되
> 32 심긴 후에는 자라서 모든 풀보다 커지며 큰 가지를 내나니 공중의 새들이 그 그늘에 깃들일 만큼 되느니라
>
> (막 4:30-32)

겨자씨 비유의 핵심은 "하나님 나라"다. 30절에 제시된 "하나님 나라"가 지금은 보이지 않는 작은 겨자씨 한 알 같아 보이지만, 결국엔 자라서 모든 풀보다 커지며 공중의 새들도 그 그늘에서 쉴 수 있게 된다는 것이 핵심 내용이다. 이렇게 내용 관찰을 했다면, 이후 "하나님의 나라는 확장된다", "하나님의 나라 시민들은 더욱 많아지게 된다", "하나님의 나라는 자라고 그곳에 머무는 자들은 쉼을 얻는다"와 같은 연구와 묵상을 할 수 있을 것이다. 그렇다면, 느낀 점에서 하나님의 나라가 성장할 것에 대해 내가 얼마나 확신하며 세상 가운데서 살아가는지에 대한 회개 및 반성이 이어질 수 있다. 이런 느낀 점을 바탕으로, "복음이 가진 힘을 OOO에게 전하며, 이번 새생명축제에 초대하겠다"와 같은 결단과 적용을 한다면, 자연스러운 마무리가 된다.

그런데 여기서 하나님의 나라가 가진 속성을 제대로 묵상하

지 않으면 실수가 일어나기 쉽다. 가령, 성장에만 집중하여 "하나님의 나라가 자란다는 사실을 믿으며, 예배에 잘 참여하도록 하겠다", "내 안에 겨자씨 한 알만한 믿음을 가지는 데 노력하도록 하겠다"와 같이 결단과 적용을 하는 경우다. 엄밀히 말하면 하나님의 나라는 믿음이라고 성급히 연결할 때 일어나는 현상이다.

그렇기에 결단과 적용이 성경 본문에서 충분히 묵상한 내용을 바탕으로 도출한 내용인지에 관한 확인이 중요하다. 내가 결단과 적용을 바르게 도출했다면, 자신의 만든 '제목'과 연결이 되어야 한다. 보통 제목은 연구와 묵상 내용을 바탕으로 만들어지는데, 결단과 적용의 내용과 제목이 연결된다면 바른 결단과 적용을 한 것이다. 예를 들어, '확장되는 하나님의 나라'나 '하나님의 나라는 확장된다'와 같은 제목을 정했다고 해보자. 이 경우에는, "하나님의 나라 확장에 나도 쓰임 받기 위해 OOO에게 복음을 전하며 이 사실을 알리겠다"고 한다면 좋은 결단과 적용이 된다.

또한 중요한 것은 '삶의 변화'를 위한 실질적이면서도 구체적인 내용이 있는지 여부다. 하지만, 이 부분에서 많은 사람들이 실수한다. 그렇기에 느낀 점 쓰기를 통해 도출해 낸 자기반성의 문제가 결단과 적용을 통해 개선되었는지를 확인할 필요가 있다. 이는 결국, 변화하길 싫어하는 관성의 법칙 때문에 일어나는 문제이며, 이를 극복하기 위해 결단과 적용 쓰기를 4P에 따라 적용하는 것이 필요하다. 개인적^{Personal}이고, 구체적^{Practical}이며, 실현 가능

Possible하고, 점진적Progressive이어야 한다는 것이다.[5]

여기서 '개인적'인 결단과 적용이 중요한 이유는 '우리'라는 익명성에 자신을 넣어둔 채 자신의 변화에는 관대한 경우가 많기 때문이다. 가령 말씀 묵상 이후 "하나님 나라의 확장을 위해 우리는 예배의 중요성을 앞장서서 알리며, 공동체 구성원원들에게도 캠페인을 통해 독려해야 한다"라고 적용한 경우를 생각해 보자. 참 좋은 말이고 맞는 말이다. 하지만, 다른 이들의 변화만 촉구하고 자신이 무엇을 하겠다는 내용이 빠져 있다. 이러면 자칫 말씀 묵상이 다른 공동체 구성원들을 지적하는 도구로 전락하여, 오히려 역효과를 자아낼 수 있다. 그렇기에 결단과 적용은 '나'를 주어로 삼고, 지극히 개인에 대한 변화를 기술해야 하는 것이다.

'구체적'인 것도 상당히 중요한데, 쉽게 말해 두루뭉술하게 넘어가는 경우가 많기 때문이다. 자신의 변화를 힘들어하다 보니, "하나님 나라 확장을 위해 노력하겠다"와 같은 결단과 적용은 변화를 촉진하는 대신 유보한다. 따라서 결단과 적용은 지극히 구체적이어야 한다.

'실현 가능'도 마찬가지로 중요하다. 예를 들어서 "하나님 나라 확장을 위해 아프리카에 가서 선교하도록 하겠다"와 같은 결단과 적용을 했다고 하자. 참 좋은 내용이나, 당장 이 일을 진행할 수

---

5 국제제자훈련원 편집부, 《큐티학교 인도자 지침서》, 75.

없다면 이 역시 당장의 변화를 촉구하지는 못한다.

마지막으로 '점진적'인 변화도 중요하다. 그것은 지금 당장 할 수 있는 일이 '여기까지'일 때, '거기까지'하면 점점 발전된 모습으로 나아갈 수 있기 때문이다. "하나님의 나라 확장을 위해 전도 용품을 준비하겠다"고 하는 것은 좋은 결단과 적용이다. 하지만 "하나님의 나라 확장을 위해 작정 헌금을 1천 억 원을 준비하겠다"고 하면, 뜻은 좋으나 점진적인 변화와는 거리가 멀다.

여기서 세 가지를 더 언급하여, 목적이 있는^{Purposeful} 동시에 긍정적^{Positive}이고, 열정적^{Passionate}인 결단과 적용이 되면 좋을 것이다.

먼저 '목적이 있다'는 것은 하나님께서 주신 사명감 넘치는 내용이면 좋겠다는 뜻이다. "하나님의 나라 확장을 위한 일터 선교사로, 팀원 OOO에게 퇴근 시에 복음을 전하기 위해 말씀 엽서를 준비해서 전하도록 하겠다"고 하면, 사명자다운 목적 있는 결단과 적용이 된다.

'긍정적'인 변화도 중요하다. 기본적으로 결단과 적용에는 '~하지 않겠다'는 표현을 써서는 안 된다. 가령 "하나님의 나라 확장을 위한 언행을 사용하기 위해 말조심을 위한 방편으로 말을 줄이도록 하겠다"는 것은 사실 소극적인 변화에 불과하다. 부정적인 변화를 줄이는 것보다, 긍정적인 효과가 파생되도록 힘쓰는 결단과 적용이 선한 영향력을 끼친다.

마지막으로 '열정적'인 변화도 중요하다. 많은 이들이 삶의 자리가 팍팍하고 힘들다는 이유로 열정을 상실한 채로 산다. 하지만 맛을 잃지 않은 소금과, 등경 위에 있는 빛은 영향력을 끼쳐야 함을 의미한다. 이를 위해 열정적인 변화가 필요하며, 이는 많은 이들의 삶에 도전을 주고, 선한 영향력을 확산시키는 것에 도움을 준다.

말씀 묵상을 통해 일어나는 삶의 변화는 영혼을 살리고, 세상을 향한 변화로 반드시 이어진다. 이것은 하나님의 나라 확장으로도 연결되며, 개인과 가정, 사회를 살리는 밑거름이 될 것이다. 비록 지금은 겨자씨처럼 잘 보이지 않을지도 모르겠다. 하지만 그것을 심기만 하면 하나님께서 놀라운 기적의 역사로 열매를 맺게 하실 것이다. 이 사실을 믿고 변화의 자리에 나가기 위해 도전하고 열정적으로 힘쓰는 것보다 중요한 것은 없다.

| 영적 관성의 법칙에서 벗어나다 |

말씀 묵상을 함에도 변화가 없는 것은, 멀리서만 깨달은 현실에서 벗어나기 싫어하는 '영적 관성의 법칙'이 작용했기 때문이다. 영적 관성의 법칙이란 변화를 싫어하고, 자기 자리로 돌아오려는 습성을 말한다.

이 같은 영적 관성의 법칙에서 벗어나려면, 억지로라도 변화의 자리로 자신을 몰아넣어야 한다. 이런 이야기를 들을 때, 너무 인위적인 것 아니냐고 생각하는 분도 계실지 모르겠다. 하나님의 때가 이르지 않았다고 말하고 싶은 것이다. 물론 그 말도 일리가 있다. 그리고 실제로도 하나님의 때가 이르지 않았을 수 있다.

하지만, 하나님의 백성은 하나님의 말씀에 반응하며 사는 사람이다. 하나님의 말씀에 반응하지 않는 것은 출애굽의 은혜를 잊어버리고 애굽 땅에 머무는 것이 더 낫다고 말하는 것과 다르지 않다. 그러나 하나님의 백성은 지금 머무른 곳이 광야라 할지라도, 구름 기둥과 불기둥으로 인도하시는 하나님을 따르며, 주시는 만나와 메추라기에 감사하며 사는 삶을 살아야 한다. 그래서 하나님께서 이스라엘 백성에게 율법과 성막을 주셨고, 이스라엘 백성은 하나님께서 주신 율법을 준수하며 자신의 삶을 그에 맞춰야 했던 것이다.

예수님께서도 자신을 율법의 완성을 위해 오신 분으로 말씀하시며, 제자들에게 말씀에 순종으로 반응하는 삶을 요구하셨다. 아무것도 없는 빈들에서 어떻게 오천 명을 먹이냐는 태도를 가지는 대신, 그가 축사하실 것을 기대하고 지금이라도 가지고 나오면 물고기 2마리와 보리떡 5개로도 충분하다고 말씀하시는 분이 예수님이시다.

이처럼 하나님의 백성은 말씀 앞에 반응하며, 자신의 믿음 없음을 회개하고 변화의 자리로 나아가기 위해 힘써야 한다. 작은 사고의 변화는 하나님 나라의 확장으로 이어진다. 내 믿음이 작을 뿐, 하나님은 결코 작지 않으시며, 내가 경험하지 못했을 뿐, 성경의 기록 속 하나님께서는 수많은 역사로 보이셨다. 그러므로 변화해야 할 대상은 하나님이 아니라 '나'다. 하나님께서 행하시는 기적의 역사에 편승하는 은혜를 누리려면, 나의 사고가 변해야 한다. 만일 사고의 변화를 통해 하나님의 말씀에 반응한다면, 당신은 하나님께서 행하시는 섭리의 역사 속으로 들어가 놀라운 은혜를 누리는 은혜의 수혜자가 될 것이다.

과거 나는 섬김과 헌신에 관한 본문을 읽고 묵상하다가, 다음과 같은 결단을 했다. 만일 주변 목회자들 가운데 선교사로 헌신하는 목회자가 있으면, 작은 액수일지라도 일정 금액을 후원하자는 것이었다. 비록 정말 말하기 부끄러운 액수이긴 하지만, 그것은 하나님께서 내 마음에 울림을 주셔서 결단했던 적용이다.

또 내가 아는 어떤 성도님 중에도, 이웃 사랑을 실천하기 위해, 눈이 왔을 때 자기 집 앞 골목뿐만 아니라 골목 전체를 치우겠다고 결단한 뒤 지금도 실천하는 분이 있다. 이 외에도 가정에서의 섬김을 실천하기 위해, 청소, 설거지, 정리정돈에 관한 구체적인 내용을 기록하고 실천하는 모습도 보았다.

사실 대단한 일만 생각하면, 변화하기란 쉽지 않다. 하지만 작고 사소한 듯 보여도, '무엇이라도 해보자'는 심정으로 실천하면, 놀라운 변화를 경험하게 된다. 이런 변화가 자신에게 쌓이면, 섬김의 고수가 되어 하나님 나라를 위해 쓰임 받게 될 것이다. 가장 평범한 일을 시행하는 것이 당신의 변화를 위한 가장 비범한 일을 하는 것이다. 그것은 누가 뭐라고 해도 당신의 삶에 영향을 줄 뿐 아니라, 당신 주변도 변화시킬 원동력이 된다.

| 말씀 묵상을 통해 변화된 사람들의 이야기 |

말씀 묵상을 통해 변화되는 사람들의 이야기는 평범하지만, 결코 작지 않다. 하나님께서 그들을 통해 행하시는 역사는 언제나 놀라웠고, 지금도 매 순간 놀라운 하나님의 역사를 느낀다.

한 번은 훈련을 하다가, 훈련생 두 분이 보고할 것이 있다고 찾아오셨다. 보고라는 말을 들으면 왠지 무섭다. '도대체 무슨 일을 하셨기에 보고하겠다고 하시지'라는 마음이 절로 드는 것은 어쩔 수 없는 일이 아닐까. 그런데 그분들의 이야기를 들으며, 나는 쥐구멍이 있으면 숨고 싶은 마음까지 들었다.

"목사님! 저희가 훈련 마치고 나서 노방전도를 했습니다. 고속버스 터미널 대합실에 가서 전도를 시작했는데 참 많은 일이 있었습니다." 그러고는 시작된 두 분의 간증은 상상을 초월했다. 전도하면서 이단을 만났던 이야기, 대합실에서 전도하다가 쫓겨난 이야기 등 놀라움 그 자체였던 것이다.

나는 그분들께 물었다. "왜 노방전도를 하시게 되었어요?" 그러자 놀라운 대답을 나는 듣고 말았다. "1학기 동안 로마서 말씀 묵상을 통해 복음 전도에 대한 엄청난 도전을 받았습니다. 또한 로마서 8장을 암송하며, 복음의 진수가 무엇인지를 맛보았습니다. 사역훈련 교재에서 알려주는 내용은 복음 전도로 귀결된다는 것을 알았기에 가만있을 수 없었습니다. 그래서 나가게 되었습니다."

참 대단한 성도들이다. 나는 말씀 묵상을 통해 도전을 받아,

자발적으로 전도하기 위해 움직였다는 말에 전율을 느꼈다. 그 순간 나도 결단과 적용을 하고, 교회 주변 식당 중 손님이 적은 식당을 찾아가, 식당 주인을 대상으로 전도를 했다. 말씀 묵상의 결단과 적용이 낳는 사역의 선순환은 바로 이런 것이 아닐까.

나는 그 이후로 결단과 적용의 중요성을 강조할 수밖에 없었다. 쉽지 않은 세상에서 말씀 묵상을 통한 놀라운 변화를 일으키는 것, 그것이 내가 할 일이라고 생각했기 때문이다. 분명 지금, 이 순간에도 묵상한 말씀을 가지고, 어떻게 결단과 적용을 할 것인가를 씨름하며 의도적으로 자신을 채찍질하는 이들이 있다. 하나님께서는 이와 같은 고민을 하는 자들을 통해 오늘도 일하고 계시며, 그 일에 동참할 자로 당신을 부르고 계신다. 결단과 적용은 하나님 나라를 확장하기 위해 준비하는 놀라운 시간이다. 매 순간 말씀 묵상을 통해 고민하는 사람들이 결단과 적용을 통해 변화의 기준점을 삼고, 오늘 하루도 정성을 다해 산다. 나는 그런 놀라운 은혜의 역사가 말씀을 묵상하는 모든 교회와 성도 가운데 일어나기를 소망한다. 분명한 사실은 하나님께서 하나님의 말씀을 통해 오늘도 당신과 함께 일하기를 원하신다는 것이다. 그 사실을 잊지 말고 기억하자.

공간 채우기

1. 결단과 적용이란 무엇이며, 나는 평소에 어떤 식으로 결단과 적용을 했는지 생각해 봅시다.

2. 결단과 적용에 있어서, 개인적^{Personal}이고, 구체적^{Practical}이며, 실현 가능^{Possible}하고, 점진적^{Progressive}이고, 목적이 있는^{Purposeful} 동시에, 긍정적^{Positive}이면서도, 열정적^{Passionate}인 내용이 들어가기 위해 어떤 노력을 해야 할지 생각해 봅시다.

3. 골로새서 3장 15-17절 말씀을 읽고, 결단과 적용을 기록해 봅시다. 결단과 적용을 기록할 때, 최대한 개인적^{Personal}이고, 구체적^{Practical}이며, 실현 가능^{Possible}하고, 점진적^{Progressive}이고, 목적이 있는^{Purposeful} 동시에, 긍정적^{Positive}이면서도, 열정적^{Passionate}인 내용이 들어갈 수 있도록 해봅시다.

공간 채우기

15 그리스도의 평강이 너희 마음을 주장하게 하라 너희는 평강을 위하여 한 몸으로 부르심을 받았나니 너희는 또한 감사하는 자가 되라

16 그리스도의 말씀이 너희 속에 풍성히 거하여 모든 지혜로 피차 가르치며 권면하고 시와 찬송과 신령한 노래를 부르며 감사하는 마음으로 하나님을 찬양하고

17 또 무엇을 하든지 말에나 일에나 다 주 예수의 이름으로 하고 그를 힘입어 하나님 아버지께 감사하라

(골 3:15-17)

결단과 적용

부록

<부록 1>
말씀 묵상, 이것만은 기억합시다

Netflix에서 방영됐던 〈흑백요리사〉라는 프로그램이 있다. 유명 셰프들이 나와 자신의 요리를 선보이고, 제시된 주제에 맞게 요리 대결을 통해 승자를 가리는 서바이벌 프로그램이다. 여기에 모인 셰프들은 그야말로 자타가 공인하는 유명 셰프들이다. 참여한 분들의 경력을 보니 기본이 10년 이상이고, 심지어는 30년 넘게 요리한 분들도 있었다. 여기서 중요한 것은 아무리 다양한 주제가 제시되어도, 그들의 대응에 흔들림이 없었다는 것이다. 물론 사람마다 고비는 있었지만, 기본기가 있는 분들이기에 창의적인 요리도 가능했다고 본다.

말씀 묵상도 마찬가지다. 말씀을 묵상하는 데는 성경의 장르와 상관없이, 기본기가 필요하다. 기본기가 있어야 말씀을 통해 새로운 것을 발견하게 되고, 세상에서 승리할 뿐 아니라 그 세상을 감동시킬 수 있다. 그렇다면 말씀 묵상을 할 때, 정말로 잊지 말고 마음에 두어야 할 부분은 무엇인지 생각해 보자.

| 레시피(Recipe)의 중요성을 잊지 말자 |

요리를 처음 시작하는 사람에게 레시피의 중요성은 너무나도 중요하다. 가령, 돼지고기 김치찌개를 끓인다고 생각해 보자. 고기를 볶은 후 김치를 볶아 거기에 물을 붓고 야채를 넣어 끓이는 것이 기본 중의 기본이다. 물론 여기서 파생되는 다양한 방법들이 있다. 어떤 분은 고기와 김치를 같이 볶아도 상관없다고 하기도 하고, 그냥 물에 다 넣고 끓인다는 분도 있다. 그런데 기본적으로 고기를 볶은 기름에 김치를 볶아 이후에 물을 붓고 함께 끓이는 것이 확실히 감칠맛이 좋다.

말씀 묵상도 마찬가지다. '내용 관찰 - 연구와 묵상 - 느낀 점 - 결단과 적용'이라는 틀을 익혔다. 처음에는 익숙하지 않아 연습이 필요하다. 어떤 사람은 A형 큐티부터 시작해야 하는 분이 있다. 그리고 차츰 B, C, D형으로 확장되는 것이 편할 수 있다.

반대로 처음부터 D형 큐티를 반복적으로 하는 것이 좋은 사람도 있다. 그런데 여기서 중요한 것은 어떤 방식을 취하더라도, 내용 관찰, 연구와 묵상, 느낀 점, 결단과 적용에서 강조되는 부분들을 제대로 해야 한다는 점이다.

본문 연습을 위해 열심히 줄을 긋고, 내용을 정리하고, 그에 따른 깊은 연구와 묵상이 바탕이 된 상태로 느낀 점 및 결단과 적용으로 이어지는 사람의 말씀 묵상은 깊이가 다르다. 그런데 이것은 하루아침에 이뤄지지 않는 법이다.

맛있는 육의 양식을 먹기 위해서 기본 레시피를 지키는 것이 중요하듯, 영의 양식을 먹음에 있어서도 깊은 맛을 느끼려면 제시된 각 단계의 중요한 점들을 정리하는 것이 필요하다. 그래야 이후 자기 방식의 말씀 묵상으로 확장되더라도 맛이 있다. 맛은 그냥 형성되지 않는다. 재료를 잘 알아야 하고, 양념에 대해 잘 아는 사람이 맛을 조절할 수 있다. 그렇기에 기본 형식이 중요한 것이다.

형식을 지키는 것은 자신의 습관을 잡아주고, 창의성을 발휘하기 위한 주춧돌이 된다. 하지만 형식을 간과하는 사람은 결코 깊은 맛의 세계로 나아가지 못한다. 이 모든 것을 가벼이 여기는 사람의 변질된 마음에서 문제가 일어나는 것이다. 하루 이틀은 제대로 하다가, 힘들다는 이유로 형식을 포기한 순간, 말씀 묵상의 맛을 포기하게 된다.

반복된 연습이 영적 성장을 위한 기초가 된다. 반복된 훈련은 깊은 맛을 위한 초석이 된다. 비록 처음에는 이 과정을 쌓는 것이 힘들게 느껴진다 할지라도, 결코 포기하지 말자. 포기하지 않는 이에게 하나님께서는 은혜를 주시고, 깊은 맛의 세계로 나아갈 수 있는 힘을 주신다.

| 제목에 담긴 의미를 파악하라 |

많은 분이 말씀 묵상을 시작하면서, 잡지를 활용한다. 다양한 잡지들이 시중에 많이 제공되고 있다. 어떤 잡지를 사용하느냐 하는 것은 개인의 자유다. 다만 어떤 큐티 잡지를 이용하더라도, 기본적으로 기억해야 할 몇 가지 사실이 있다.

그중에서도 가장 중요한 것은 각 큐티 잡지에서 제시하는 본문의 제목을 먼저 파악하는 것이다. 개인적으로 나는 큐티 잡지를 '반건조 식품'이라고 여긴다. 말씀 묵상을 위한 기본적인 요소들을 다 만들어 놓았고, 개인이 끓여서 먹기만 하면 되기 때문이다. 큐티 잡지를 이용하면 훨씬 더 편하게 본문의 중심 생각으로 나아갈 수 있다.

그런데 대부분 큐티 잡지의 중심 생각은 제목에 담겨 있다. 만일 말씀 묵상에 어려움을 느낀다면, 본문을 읽기 전 제목을 보는 것이 묵상의 어려움을 극복하는 데 도움이 된다.

말씀 묵상을 큐티 잡지 없이 성경으로 하는 분들이라면, 스스로 제목 만드는 연습을 해봐야 한다. 성경을 편 상태에서 필기구를 준비하고, 이후 귀납적 말씀 묵상을 통해 제목을 만드는 작업을 해야 한다.

제목을 만드는 방식에는 여러 가지가 있다. 내용 관찰, 연구와 묵상, 느낀 점, 결단과 적용을 토대로 단계에 맞는 제목을 지을 수 있다. 가령 골로새서 3장 15-17절을 가지고 본문 내용에 맞는 제목을 작성한다고 생각해 보자.

> 15 그리스도의 평강이 너희 마음을 주장하게 하라 너희는 평강을 위하여 한 몸으로 부르심을 받았나니 너희는 또한 감사하는 자가 되라
> 16 그리스도의 말씀이 너희 속에 풍성히 거하여 모든 지혜로 피차 가르치며 권면하고 시와 찬송과 신령한 노래를 부르며 감사하는 마음으로 하나님을 찬양하고
> 17 또 무엇을 하든지 말에나 일에나 다 주 예수의 이름으로 하고 그를 힘입어 하나님 아버지께 감사하라
>
> (골 3:15-17)

가장 먼저 내용 관찰 형태로 제목을 짓는다면, "그리스도의 평강이 마음을 주장하게 하라" 또는 "감사하는 자가 되어라"라고 할 수 있다. 이는 본문에서 가장 중요하게 생각되는 구절을 그대로 인용하여 작성하는 방법이다.

연구와 묵상 형태로 제목을 짓는다면, "왜 말씀이 내 안에 풍성해야 하는가" 또는 "말씀 묵상이 주는 유익", "말씀 묵상의 파급력", "올바른 신앙생활이란" 등의 제목을 지을 수 있을 것이다.

느낀 점을 기초로 제목을 짓는다면, 주어를 '나'로 하여 작성해야 할 것이다. 가령 "나는 매 순간 말씀 안에서 살고 있는가"와 같이 제목을 정하면, 말씀이 내 안에 거하지 못했던 삶에 대한 회개와 반성, 그리고 감사하며 말씀이 내 안에 거하도록 노력하겠다는

뜻으로 이해할 수 있다.

결단과 적용을 기초로 제목을 짓는다면, "예수님의 이름으로 행하는 삶을 살라", "말씀 속에 사는 구체적인 방법" 등으로 정할 수 있을 것이다.

사실 제목을 어떤 형태로 짓든 상관은 없다. 그러나 보통의 경우, 본문의 메시지를 함축하여 '동사형(~하라)'으로 짓는다면 변화를 촉구하는 말씀 묵상으로 나아갈 수 있다. 결국 삶의 변화를 위해 제목부터 삶의 변화를 위한 방향으로 제시하면, 말씀 묵상의 효과를 드높일 수 있다는 점을 기억해야 한다.

| 영혼의 건강을 함께 챙기자 |

말씀 묵상을 위해 한 공동체가 하나의 큐티 잡지를 보는 것에 적극 찬성한다. 왜냐하면, 한 공동체가 같은 본문을 묵상할 때, 성도 간의 깊이 있는 나눔으로도 연결될 수 있기 때문이다.

과거 청년부 시절, 말씀 묵상을 돕는 참 다양한 큐티 잡지들을 알 수 있었다. 이유인즉슨 함께 모여 나눌 때, 자신이 묵상한 내용을 토대로 나눔이 시작되었기 때문이다. 물론 다양성 측면에서는 분명 그 나름대로 좋은 면이 있다. 그러나 아무래도 혼자서 느낀 것만 나누다 보니, 묵상 나눔의 집중력이 떨어지는 점을 느낄 수 있었다. 그래서 가능하다면 한 공동체가 같은 본문의 말씀으로 묵상하고, 더 나아가 소그룹까지 이어진다면 여러 가지 측면에서 깊이 있는 말씀 묵상을 만들 수 있을 것이다.

영혼의 건강은 함께 챙겨야 한다. 나 혼자만 살기 위해 사는 인생이 아니라, 공동체 전체의 건강을 위해 함께 말씀 보는 문화를 형성하는 것은 어떨까. 영혼의 건강을 위해 투자한 사람은 반드시 그에 걸맞은 영적 성장을 누리게 될 것이다.

| 어려운 것이 아니라 익숙하지 않은 것이다 |

말씀 묵상을 함에 있어서 가장 좋지 않은 일이 말씀 묵상 자체를 '어렵다'고 생각하는 것이다. 어렵다고 느낀 후, 포기로 이어지는 모습을 성도들에게서 많이 보았다. 참 안타까운 일이다. 이런 모습을 보면서 '어렵다'고 생각하는 것은 말씀 묵상의 습관을 형성하는 데 결코 좋지 않다는 것을 알게 됐다.

만일 이 부분에 대한 어려움을 표현하고 싶다면, '익숙하지 않다'라고 말하는 것이 어떨까. 이는 작은 차이이지만, 나중에는 굉장히 큰 결과로 이어지게 된다. 말씀 묵상 세미나에서도 결국 가장 중요한 것은, 어떻게든 포기하지 않고 긍정적인 방향으로 묵상하게 만드는 것이다.

"어려운 것이 아니라 익숙하지 않은 것이다"라는 말은 성도로 하여금 말씀 묵상을 낯선 세계에서 익숙한 세계로 옮기도록 하는 목표 의식을 불어 넣는다. 앞서 결단과 적용에서도 말했듯이, 긍정적인 방향으로 모두가 도모해서 나아갈 수 있도록 하는 것이 너무나 중요하다는 것이다.

한편 성도들과 말씀 묵상에 대해 나눠 보라고 하면, "쉽지 않다"는 말도 많이 사용한다. 사실 이것 역시 "어렵다"라는 말이다. 문제는 한 번 "쉽지 않다", "어렵다"라는 인식이 박히는 순간, 깊은 묵상의 세계로 나아갈 길을 잃어버리게 된다는 점이다. 그렇기에 의식적으로라도 이러한 말을 하지 않는 결단과 적용이 필요하다. 이와 같은 언어 훈련이 공동체 전체적으로 지속되다 보면, 하나님의 나라 확장에 대한 부담감도 줄어들게 될 것이다.

말씀 묵상을 이어가는 데 잊지 말아야 할 것은 생각의 전환을 일으키는 것이다. 세상 사람들과 똑같은 인식을 가지고, 변화하지 않는 자신의 모습에 대해 인정하고 싶은 삶에서 벗어나야 한다. 그 누구도 갖지 못했던 도전 의식을 가지고, 믿음으로 나아갈 때 하나님께서 바라시는 놀라운 역사를 하나씩 이뤄낼 수 있을 것이다.

이 외에도 말씀 묵상에 대해 기억해야 할 것들은 많다. 하지만 결국 가장 중요한 것은 매일 하겠다는 마음을 잃지 않는 것이다. 매일 빠지지 않고 먹는 연습을 하자. 그 순간 말씀 묵상의 기쁨을 느끼게 될 것이고, 사명을 감당하기 위해 더욱 정진하여 나아갈 수 있을 것이다.

하나님께서 당신에게 바라시는 모습이 반드시 있다. 오늘도 그 모습을 기대하고 바라며 묵묵히 하나님의 뜻을 삶의 자리에 녹일 수 있는 주님의 자녀가 되길 기도한다. 당신은 할 수 있다.

공간 채우기

1. 말씀 묵상 시 자신에게 중요하게 여겨지는 것은 무엇이며, 이를 온전히 이루기 위해 어떤 결단을 하겠습니까?

2. 말씀 묵상에 있어서 가장 중요한 것은 포기하지 않고, 매일 하나님의 말씀을 먹는 것입니다. 이 일을 온전히 감당하기 위해 내가 결단해야 할 일은 무엇인지 적어보고, 동역자들과 함께 나누는 시간을 가집니다.

<부록 2>
말씀 묵상을 위한 세미나 강의안

1. 말씀 묵상, 세상을 대응하기 위한 충전의 시간
  가. 말씀으로 공간을 채운다는 것
  나. 그리스도인이 가져야 할 미라클 모닝
  다. 생존을 넘어 생명력 있는 발걸음을 위해
  라. 평범함을 비범하게 사용하시는 하나님

2. 말씀 묵상에 대한 정의와 오해
  가. 하나님과의 만남을 준비하라
  나. 곰탕과 두발자전거 이론

3. 왜 말씀 묵상을 해야 하는가?
  가. 나만의 이유를 찾다

나. 하나님 나라를 이 땅 위에

　　다. 말씀 묵상의 유익

　　　- 내가 사랑하는 주님을 더욱 깊이 알게 된다

　　　- 영적인 분별력을 갖는다

　　　- 하나님의 인도를 받는다

4. 말씀 묵상의 원칙

　　가. 나의 사랑하는 책

　　나. 일상의 변화

　　다. 말씀 묵상과 꾸준함의 관계

　　라. 몰입의 중요성

5. 말씀 묵상의 실제

　　가. 시간과 공간을 준비하라

　　나. 말씀 묵상은 손으로 하는 것이다

　　다. 손과 발을 움직여라

　　라. 함께 나누고 함께 기도하는 삶

6. 말씀 묵상, 구체적으로 어떻게 해야 하는가

　　가. 어떻게 읽어야 하는가

　　나. 귀납적 말씀 묵상 - D형 큐티란 무엇인가

구분	A형 큐티	B형 큐티	C형 큐티	D형 큐티
내용 관찰		O	O	O
연구와 묵상				O
느낀 점	O	O	O	O
결단과 적용			O	O

+ 내용 관찰
- 아, 내가 거의 모든 것을 놓치고 있었구나
- 내용 관찰, 사실을 찾아내라
- 핵심 단어, 발견하는 순간 끝이다
- 반복은 강조, 무조건 밑줄이다
- 내 말로 설명할 수 있는가

+ 연구와 묵상(해석)
- 연구와 묵상은 왜 중요할까
- 연구와 묵상의 기본: "왜 그럴까"
- 한 문장으로 자신의 묵상 정리하기
- 각 장의 첫 절과 마지막 절에 집중하기
- 관주 참조하기
- 다른 역본 참조하기
- 생각의 확장은 하나님 나라의 확장을 이룬다

+ 느낀 점(성찰)
- 느낀 점은 적용 단계로 넘어가기 위한 돌다리
- 느낀 점, 진솔함을 드러내다
- 회개와 감사는 자기 부인自己否認을 위한 원동력
- Can't가 Can이 되는 비결

+ 결단과 적용
- 의도적으로 제자훈련하는 교회
- 말씀 묵상의 아름다운 마무리
- 영적 관성의 법칙에서 벗어나다
- 말씀 묵상을 통해 변화된 사람들의 이야기

7. 이것만은 기억합시다

가. 레시피Recipe의 중요성을 잊지 말자

나. 제목에 담긴 의미를 파악하라

다. 영혼의 건강을 함께 챙기자

라. 어려운 것이 아니라 익숙하지 않은 것이다

<부록 3>
말씀 묵상 실습 (D형 큐티 실습)

<실습 1>

제목 : _____

본문 : 출애굽기 14:21-31

21 모세가 바다 위로 손을 내밀매 여호와께서 큰 동풍이 밤새도록 바닷물을 물러가게 하시니 물이 갈라져 바다가 마른 땅이 된지라

22 이스라엘 자손이 바다 가운데를 육지로 걸어가고 물은 그들의 좌우에 벽이 되니

23 애굽 사람들과 바로의 말들, 병거들과 그 마병들이 다 그들의 뒤를 추격하여 바다 가운데로 들어오는지라

24 새벽에 여호와께서 불과 구름 기둥 가운데서 애굽 군대를

보시고 애굽 군대를 어지럽게 하시며

25 그들의 병거 바퀴를 벗겨서 달리기가 어렵게 하시니 애굽 사람들이 이르되 이스라엘 앞에서 우리가 도망하자 여호와가 그들을 위하여 싸워 애굽 사람들을 치는도다

26 여호와께서 모세에게 이르시되 네 손을 바다 위로 내밀어 물이 애굽 사람들과 그들의 병거들과 마병들 위에 다시 흐르게 하라 하시니

27 모세가 곧 손을 바다 위로 내밀매 새벽이 되어 바다의 힘이 회복된지라 애굽 사람들이 물을 거슬러 도망하나 여호와께서 애굽 사람들을 바다 가운데 엎으시니

28 물이 다시 흘러 병거들과 기병들을 덮되 그들의 뒤를 따라 바다에 들어간 바로의 군대를 다 덮으니 하나도 남지 아니하였더라

29 그러나 이스라엘 자손은 바다 가운데를 육지로 행하였고 물이 좌우에 벽이 되었더라

30 그 날에 여호와께서 이같이 이스라엘을 애굽 사람의 손에서 구원하시매 이스라엘이 바닷가에서 애굽 사람들이 죽어 있는 것을 보았더라

31 이스라엘이 여호와께서 애굽 사람들에게 행하신 그 큰 능력을 보았으므로 백성이 여호와를 경외하며 여호와와 그의 종 모세를 믿었더라

구분	내용
내용 관찰	
연구와 묵상	
느낀 점	
결단과 적용	

<실습 2>

제목 : _____

본문 : 베드로전서 5:7-14

7   너희 염려를 다 주께 맡기라 이는 그가 너희를 돌보심이라
8   근신하라 깨어라 너희 대적 마귀가 우는 사자 같이 두루 다니며 삼킬 자를 찾나니
9   너희는 믿음을 굳건하게 하여 그를 대적하라 이는 세상에 있는 너희 형제들도 동일한 고난을 당하는 줄을 앎이라
10 모든 은혜의 하나님 곧 그리스도 안에서 너희를 부르사 자기의 영원한 영광에 들어가게 하신 이가 잠깐 고난을 당한 너희를 친히 온전하게 하시며 굳건하게 하시며 강하게 하시며 터를 견고하게 하시리라
11 권능이 세세무궁하도록 그에게 있을지어다 아멘
12 내가 신실한 형제로 아는 실루아노로 말미암아 너희에게 간단히 써서 권하고 이것이 하나님의 참된 은혜임을 증언하노니 너희는 이 은혜에 굳게 서라
13 택하심을 함께 받은 바벨론에 있는 교회가 너희에게 문안하고 내 아들 마가도 그리하느니라
14 너희는 사랑의 입맞춤으로 서로 문안하라 그리스도 안에 있는 너희 모든 이에게 평강이 있을지어다

구분	내용
내용 관찰	
연구와 묵상	
느낀 점	
결단과 적용	

부록

<부록 4>
말씀 묵상 샘플 (D형 큐티 Sample)

\<샘플 1\>

제목 : 내 앞의 홍해도 반드시 갈라진다

본문 : 출애굽기 14:21-31

21 <u>모세가 바다 위로 손을 내밀매</u> 여호와께서 큰 동풍이 밤새도록 바닷물을 물러가게 하시니 <u>물이 갈라져 바다가 마른 땅이 된지라</u>

22 이스라엘 자손이 바다 가운데를 육지로 걸어가고 <u>물은 그들의 좌우에 벽이 되니</u>

23 <u>애굽 사람들과 바로의 말들, 병거들과 그 마병들</u>이 다 그들의 뒤를 추격하여 <u>바다 가운데로 들어오는지라</u>

24 새벽에 <u>여호와께서 불과 구름 기둥</u> 가운데서 <u>애굽 군대를</u>

보시고 애굽 군대를 어지럽게 하시며

25 그들의 병거 바퀴를 벗겨서 달리기가 어렵게 하시니 애굽 사람들이 이르되 이스라엘 앞에서 우리가 도망하자 **여호와가 그들을 위하여 싸워 애굽 사람들을 치는도다**

26 **여호와께서 모세에게 이르시되 네 손을 바다 위로 내밀어** 물이 애굽 사람들과 그들의 병거들과 마병들 위에 **다시 흐르게 하라** 하시니

27 **모세가 곧 손을 바다 위로 내밀매 새벽이 되어 바다의 힘이 회복된지라** 애굽 사람들이 물을 거슬러 도망하나 **여호와께서 애굽 사람들을 바다 가운데 엎으시니**

28 물이 다시 흘러 병거들과 기병들을 덮되 그들의 뒤를 따라 **바다에 들어간 바로의 군대를 다 덮으니 하나도 남지 아니하였더라**

29 그러나 이스라엘 자손은 바다 가운데를 육지로 행하였고 **물이 좌우에 벽이 되었더라**

30 그 날에 여호와께서 이같이 **이스라엘을 애굽 사람의 손에서 구원하시매** 이스라엘이 바닷가에서 **애굽 사람들이 죽어 있는 것을 보았더라**

31 이스라엘이 여호와께서 애굽 사람들에게 행하신 그 큰 능력을 보았으므로 **백성이 여호와를 경외하며 여호와와 그의 종 모세를 믿었더라**

구분	내용
내용 관찰	모세가 바다 위로 손을 내밀자, 여호와께서 큰 동풍을 보내어 바다가 마른 땅이 되게 하셨다. 이스라엘 백성은 그곳을 걸어갔다. 그러나 하나님께서 모세에게 손을 바다 위로 내밀 때, 애굽 사람들과 바로의 말들 병거들과 마병들이 올 때 다시 물이 흐르게 하겠다고 하셨다. 모세는 하나님의 말씀대로 행했고, 그 순간 바다에 들어간 바로의 군대는 전멸하였다. 하나님께서는 애굽 사람의 손에서 이스라엘을 구원하셨고, 이스라엘은 하나님의 큰 능력을 보고, 모세를 믿게 되었다.
연구와 묵상	1. 왜 하나님께서는 모세가 손을 바다 위로 내밀 때 바다의 힘을 회복시키셨는가? - 하나님께서 모세의 손을 내밀어, 바다의 힘을 회복시키신 이유는 이스라엘 백성으로 하여금 이 광경을 보게 하기 위함이다. 백성의 지도자 모세의 행동을 통해 하나님께서 일하고 계시다는 것을 보여주기 위함이었다. 이로써 이스라엘 백성에게 하나님의 구원 역사가 지금 일어나고 있음을 보여 주셨다. 이처럼 하나님께서는 자신이 행하시는 구원 역사에 택한 자를 사용하여 일하신다. 그러므로 하나님의 말씀 앞에 택함을 받은 자가 해야 할 행동은 순종이다. 하나님께서는 말씀 앞에 순종하는 자를 사용하시고, 그를 통해 일하신다.

구분	내용
연구와 묵상	2. 하나님께서 홍해를 가르시고 이스라엘 백성을 구원하신 이유는 무엇인가? - 하나님께서는 바로와 그의 온 군대로 말미암아 애굽 사람들에게 자신의 여호와 되심을 보이겠다고 하셨다. 결국 홍해가 갈라진 이유는 하나님의 주권, 자연에 대한 통제, 불가능한 상황에서도 도우시는 하나님의 역사를 통해 모든 이들이 하나님의 능력을 깨닫도록 하시기 위함이었다. 또한 이스라엘을 향해서는 부름받은 백성이라는 사실을 깨닫도록 하시기 위해 이와 같은 일을 보이신 것이다. 이 모든 것은 하나님의 능력과 영광을 온 세상 가운데 드러내기 위해 하나님께서 행하신 일이다. 여호와의 영광은 반드시 드러날 것이며, 택함받은 자는 어떻게든 하나님께서 베푸시는 은혜의 수혜자가 된다.

구분	내용
느낀 점	건강 진단을 통해 알게 된 대장암 소식에 많은 것을 돌이켜 보게 됐다. 그동안 하나님을 온전히 따른다고 하면서도 사업을 이유로 하나님 백성답지 못한 모습을 보였던 것을 회개한다. 진작에 이 부분을 바로 세워야지 생각했으면서도 미루다가 이번 일을 통해 하나님께서 브레이크를 거셨다는 생각을 하게 됐다. 이제는 모세처럼, 하나님께서 말씀하시면 손을 내밀어 말씀 앞에 순종하는 일만 남았음을 고백한다. 그동안 하나님의 말씀에 온전히 순종하지 못한 것과, 선택받은 백성임을 머리로만 알고 삶의 자리에서 제대로 드러내지 못했음을 회개한다. 앞으로 있을 수술을 하나님께 맡겨드리고, 나는 있는 자리에서 말씀 앞에 나를 비춰 보는 시간을 가지며, 내 앞의 홍해도 갈라지기를 소망하는 마음으로 수술 일자를 기다리도록 하겠다.
결단과 적용	1. 지금 상황에 대한 기도 제목을 정리하여, 주변 분들과 공유하며 용기를 내 기도를 부탁하겠다. 2. 하나님께서 지금까지 나를 도우셨던 일들을 감사 노트에 정리하고, 가정예배 시간에 이를 고백하며, 하나님께 모든 것을 맡겨드리겠다는 고백을 나누도록 하겠다.

<샘플 2>

제목 : 새 부대를 준비하는 자에게 은혜로운 삶이 있다
본문 : 누가복음 5:27-39

> 27 그 후에 예수께서 나가사 레위라 하는 세리가 세관에 앉아 있는 것을 보시고 나를 따르라 하시니
>
> 28 그가 모든 것을 버리고 일어나 따르니라
>
> 29 레위가 예수를 위하여 자기 집에서 큰 잔치를 하니 세리와 다른 사람이 많이 함께 앉아 있는지라
>
> 30 바리새인과 그들의 서기관들이 그 제자들을 비방하여 이르되 너희가 어찌하여 세리와 죄인과 함께 먹고 마시느냐
>
> 31 예수께서 대답하여 이르시되 건강한 자에게는 의사가 쓸 데 없고 병든 자에게라야 쓸 데 있나니
>
> 32 내가 의인을 부르러 온 것이 아니요 죄인을 불러 회개시키러 왔노라
>
> 33 그들이 예수께 말하되 요한의 제자는 자주 금식하며 기도하고 바리새인의 제자들도 또한 그리하되 당신의 제자들은 먹고 마시나이다
>
> 34 예수께서 그들에게 이르시되 혼인 집 손님들이 신랑과 함께 있을 때에 너희가 그 손님으로 금식하게 할 수 있느냐
>
> 35 그러나 그 날에 이르러 그들이 신랑을 빼앗기리니 그 날에는 금식할 것이니라

36 또 비유하여 이르시되 새 옷에서 한 조각을 찢어 낡은 옷에 붙이는 자가 없나니 만일 그렇게 하면 새 옷을 찢을 뿐이요 또 새 옷에서 찢은 조각이 낡은 것에 어울리지 아니하리라
37 **새 포도주를 낡은 가죽 부대에 넣는 자가 없나니** 만일 그렇게 하면 새 포도주가 부대를 터뜨려 포도주가 쏟아지고 부대도 못쓰게 되리라
38 **새 포도주는 새 부대에 넣어야 할 것이니라**
39 **묵은 포도주를 마시고 새 것을 원하는 자가 없나니** 이는 묵은 것이 좋다 함이니라

구분	내용
내용 관찰	예수님께서 세리 레위를 부르시자, 레위는 모든 것을 버리고 예수님을 따랐다. 레위는 예수님을 위해 잔치를 열었는데, 이를 본 바리새인과 서기관들은 예수님의 제자들이 세리와 죄인들과 함께 먹고 금식하지 않는다고 비난했다. 이에 예수님께서는 그들을 향해 자신을 두고 의인을 부르러 온 것이 아니라 죄인을 불러 회개시키러 왔다고 말씀하시며, 혼인 잔칫집에서는 금식할 수 없음에 대해 말씀하셨다. 또한 새 옷 조각에서 찢은 조각이 낡은 것과 어울리지 않음을 말씀하시며 새 포도주는 새 부대에 넣어야 할 것이라고 하셨다.

구분	내용
연구와 묵상	1. "내가 의인을 부르러 온 것이 아니요 죄인을 불러 회개시키러 왔노라"고 하신 말씀의 의미는 무엇인가? - 서기관들의 교만과 위선을 책망하는 말씀임과 동시에, 예수님께서 죄인들에게 구원과 용서를 베푸시기 위하여 오셨다는 말씀이다. 여기서 "의인"은 자신을 가리켜 회개할 필요가 없다고 생각하는 사람이다. 보통 이들은 독선적이며 자기 죄를 인정하지 않는 사람들이다. 예수님께서는 이 말씀을 통해 자신의 죄를 깨닫고 겸손하게 예수님께 나아오는 자를 찾고 계신다고 하셨다. 즉, 예수님께서는 하나님 아버지와 죄인의 담을 허무시고, 화해시키기 위해 이 땅에 오셨다고 말씀하신다. 예수님은 죄인들을 살리기 위해 오신 것이다. 2. 왜 예수님께서는 새 포도주를 새 부대에 넣어야 한다고 말씀하셨을까? - 예수님께서는 자신의 복음 메시지(새 포도주)가 유대교의 오랜 종교 구조나 관습(낡은 가죽 부대)에 담길 수 없음을 설명하기 위해 비유로 말씀하셨다. 이는 구원이신 예수님께서 하시는 말씀이, 형식적인 종교생활, 외식주의 등으로 인한 낡은 가죽 부대에는 담길 수 없음을 의미한다. 이를 통해 새 포도주를 담기 위해서는 새로운 접근 방식, 새로운 마음이 필요하며, 영적 쇄신과 변화에 대한 열린 마음이 필요하다는 것을 알 수 있다.

구분	내용
느낀 점	예수님의 부르심에 모든 것을 버리고 따르는 레위와 말씀을 듣고도 스스로 의인으로 여기는 바리새인과 서기관의 모습이 대비된다. 주님의 말씀이 전해져도 내가 새 부대로 준비되지 못하면 담을 수 없다는 사실을 알게 됐다. 하지만 나는 여전히 주님께서 요구하시는 변화를 두려워한다. 주님의 임재를 올려드리는 예배에 전심으로 찬양하는 것이 여전히 어렵고, 새 포도주인 주님의 말씀을 전하고 나누는 데도 여전히 두려워하는 마음이 있음을 회개한다. 변하지 않으려는 내 모습을 주님 앞에 올려드리며, 새 부대다운 모습을 내 안에 장착하기 위해 힘쓰는 자가 되어야 하겠다. 이를 위해 레위와 같은 마음이 내 안에 자리 잡을 수 있도록 힘쓰겠다.
결단과 적용	1. 주일 예배 시간에 설교 말씀을 잘 담기 위해 직접 메모하고, 전심으로 주님께 나아가기 위해 나의 손을 높이 올려 드리며 찬양하도록 하겠다. 2. 오늘 묵상한 말씀을 점심시간에 직장 동료에게 나누며, 이번 주 함께 예배드리자는 초대의 말을 하도록 하겠다.

<샘플 3>

제목 : 염려를 하나님께 맡기는 자만이 은혜를 누린다
본문 : 베드로전서 5:7-14

7 **너희 염려를 다 주께 맡기라 이는 그가 너희를 돌보심이라**

8 **근신하라 깨어라** 너희 대적 마귀가 우는 사자 같이 두루 다니며 삼킬 자를 찾나니

9 **너희는 믿음을 굳건하게 하여 그를 대적하라** 이는 세상에 있는 너희 형제들도 동일한 고난을 당하는 줄을 앎이라

10 **모든 은혜의 하나님 곧 그리스도 안에서 너희를 부르사** 자기의 **영원한 영광**에 들어가게 하신 이가 **잠깐 고난**을 당한 너희를 친히 **온전하게** 하시며 **굳건하게 하시며 강하게 하시며 터를 견고하게 하시리라**

11 권능이 세세무궁하도록 그에게 있을지어다 아멘

12 내가 신실한 형제로 아는 실루아노로 말미암아 너희에게 간단히 써서 권하고 이것이 하나님의 참된 은혜임을 증언하노니 **너희는 이 은혜에 굳게 서라**

13 택하심을 함께 받은 **바벨론에 있는 교회가 너희에게 문안**하고 **내 아들 마가도 그리하느니라**

14 **너희는 사랑의 입맞춤으로 서로 문안하라** 그리스도 안에 있는 너희 모든 이에게 평강이 있을지어다

구분	내용
내용 관찰	베드로가 고난받는 성도들에게 주님께서 돌보신다는 사실을 믿고 염려를 다 맡길 것을 권했다. 또한 근신하고 깨어 믿음을 굳건히 하여 마귀를 대적할 것을 권하며, 너희뿐 아니라 형제도 고난을 받는다고 말했다. 결국 그리스도 안에서 부르신 이를 좇으면, 하나님께서 고난 당하는 자들을 굳건하게 하신다는 것이다. 끝으로 베드로는 택한 받은 형제들에게 문안하며, 평강이 있을 것을 축복했다.
연구와 묵상	1. 왜 베드로는 고난받는 성도를 향해 하나님께서 굳건히 하신다는 말씀을 전했는가? - 베드로는 성도가 받는 고난이 제한적이지 않음을 설명하면서, 염려를 주께 맡기는 것이 굳건해지는 길임을 알렸다. 여기서 "맡기다"는 '던지고 난 후에는 기억하지 않고 마음을 쓰지 않는다'는 뜻으로, 하나님께 전적으로 위탁하는 길이 성도가 가야 할 길임을 말해 주고 있다. 이처럼 베드로는 고난받는 성도를 향해 세상을 통치하시는 분이 하나님이심을 알리며, 문제 해결의 주권이 하나님께 있음을 분명히 했다.

구분	내용
연구와 묵상	2. 왜 베드로는 고난에 대해 설명할 때, "잠깐 고난"이라고 말하는가? - 베드로는 성도가 이 땅 가운데서 겪는 고난을 잠깐 당하는 고난이라고 설명했다. 그 말은 하나님의 영원한 영광에 비해 성도가 이 땅에서 겪는 고난은 '순간'이라는 뜻이다. 하지만 그렇다고 하여 베드로가 이 땅에서의 고난이 힘들지 않음을 말하고 있는 것은 아니다. 오직 하나님의 영광에 집중하고 온전케 하시는 하나님을 믿으면 아무리 무거운 고난일지라도 지나가게 됨을 말하는 것이다. 결국 성도의 고난을 회복시키시는 분은 하나님이시다. 하나님만이 성도의 고난을 회복시키시며, 하나님의 영광을 보게 하신다.

구분	내용
느낀 점	아빠의 위암 말기 진단에 나는 무엇보다 영혼 구원에 대한 생각이 급해졌다. 계속된 항암 속에서도 나는 아빠에게 복음을 전했고, 아빠는 새생명축제까지 오시게 되었다. 지금은 결신 후 잘 견디고 계신다. 하나님께서는 고난 중에도 함께 하셔서 엄마와 나를 회복시키셨고 지금도 인도하심을 믿는다. 그런데 가끔 아빠의 삶이 얼마 남지 않았다는 생각 때문에 염려와 걱정에 빠져 지내는 시간이 있었다. 나도 모르게 무기력한 생활을 반복하고 무의미한 시간을 보내는 모습을 보며, 마귀의 유혹 앞에 넘어지는 내 모습을 보며 회개한다. 이제는 아빠가 겪을 현실 앞에 염려하고 근심하기보다, 더욱 깨어 있으면서 하나님께서 내게 주신 평강을 아빠와 주변 사람들에게 나누어야겠다.
결단과 적용	1. 이번 주 주말에 아빠에게 찾아가 함께 가정예배를 드리고 함께 하는 시간을 갖겠다. 2. 아빠를 위한 중보 기도 제목을 만들어 다락방과 훈련 동역자들에게 함께 나누며, 기도하는 시간을 갖도록 하겠다.

<샘플 4>

제목 : 나를 살피는 일이 가정과 공동체를 세운다
본문 : 갈라디아서 6:1-10

1 형제들아 사람이 **만일 무슨 범죄한 일이 드러나거든 신령한 너희는 온유한 심령**으로 그러한 자를 **바로잡고** 너 자신을 살펴보아 너도 **시험을 받을까 두려워하라**

2 **너희가 짐을 서로 지라** 그리하여 **그리스도의 법을 성취**하라

3 만일 누가 아무 것도 되지 못하고 된 줄로 생각하면 **스스로 속임**이라

4 **각각 자기의 일을 살피라** 그리하면 자랑할 것이 자기에게는 있어도 남에게는 있지 아니하리니

5 **각각 자기의 짐을 질 것이라**

6 **가르침을 받는** 자는 말씀을 가르치는 자와 **모든 좋은 것을 함께 하라**

7 **스스로 속이지 말라** 하나님은 업신여김을 받지 아니하시나니 사람이 무엇으로 심든지 그대로 거두리라

8 자기의 육체를 위하여 심는 자는 육체로부터 썩어질 것을 거두고 성령을 위하여 심는 자는 **성령으로부터 영생을 거두리라**

9 우리가 선을 행하되 낙심하지 말지니 포기하지 아니하면 **때가 이르매 거두리라**

10 그러므로 **우리는 기회 있는 대로 모든 이에게 착한 일을 하되 더욱 믿음의 가정들에게 할지니라**

구분	내용
내용 관찰	바울은 갈라디아교회 성도들에게 죄에 빠진 자를 온유한 심령으로 바로 세우고, 각자의 짐을 져 그리스도의 법을 성취하라고 권했다. 이를 위해 각자 자기 일을 살피고, 말씀의 가르침을 받는 자는 가르치는 자와 좋은 것을 함께 해야 한다고 했다. 육체를 위하여 심는 자는 썩어질 것을 거두고, 성령을 위하여 심는 자는 영생을 거둘 것이라고 했다. 선을 행하는 것을 포기하지 않으면 때가 되어 거두게 될 것이기에, 성도는 교회의 지체들에게 기회가 있는 대로 선을 행해야 한다고 했다.
연구와 묵상	1. 왜 바울은 죄에 빠진 자를 온유한 심령으로 바로잡으라고 하는가? - 바울은 갈라디아교회 성도들에게 신령한 자들이 온유한 심령으로, 영적으로 더 약한 자들을 도와 죄에 빠진 자를 바로잡으라고 요구했다. 사실 이 모습은 예수님께서 보여주셨던 모습이다. 예수님께서도 온유한 심령으로 죄인들에게 다가가시고 회개를 원하셨다. 결국 바울은 구원받은 성도가 예수님을 닮아가야 하기에, 죄에 빠진 자를 사랑으로 바로잡음으로, 주 안에서 살기 바랐던 것이다. 이처럼 바울은 죄에 빠진 자를 살리기 위해, 온유한 심령으로 세우는 것이 우선이라고 생각했다.

구분	내용
연구와 묵상	2. 왜 바울은 각각 자기의 일을 살피는 것이 서로 비교하지 않고 공동체를 세우는 일이라 보았는가? - 바울은 죄의 속성을 사람이 자신을 남과 비교하여, 남보다 더 좋게 보이는 것을 추구하고 자신을 남들 앞에서 자랑하는 것으로 보았다. 하지만 예수님 앞에 바로 서 있는 사람이라면, 예수님과 동행하는 일에 집중하게 됨을 말하고 싶은 것이다. 예수님의 선하심 앞에 자기 자신이 얼마나 연약한 존재이고 은혜 없이는 못사는지를 깨닫는 순간, 자기 모습을 살피는 일에 집중하게 되는 것이다. 결국 자신을 살피는 일은 교만을 점검하는 일이기에, 매 순간 자신의 교만함을 살피다 보면 주님 원하시는 모습으로 변해갈 것이고, 각자가 이 일에 집중하면 공동체를 세울 수 있다고 바울은 말하고 있다.

구분	내용
느낀 점	바울의 가르침을 보며 나의 교만함과 죄를 회개한다. 올해 훈련을 받으면서 말씀에 대한 지식이 늘어나는 만큼 남을 온유한 심령으로 섬기지 못하는 것은, 하나님께서 원하시지 않는 일이라는 사실을 깨달았다. 어떤 일이 생기면 나를 먼저 살펴야 했으나, 다른 이들을 온유하지 못한 심정으로 보고, 나의 짐을 지는 데도 온전히 섬기지 못했음을 회개한다. 또한 주변을 돌보며 선을 행했어야 했는데, 바쁘다는 이유로 온전히 섬기지 못했음을 회개한다. 특히 아내를 온전히 돕지 못하고 사랑으로 나아가지 못했음이 마음에 걸린다. 아내의 말을 귀담아듣지 못한 모습을 회개하고, 아내를 온전히 도울 수 있는 내가 되겠다. 또한 교회 공동체 안에서도 나와 함께 섬기시는 집사님들의 도움을 받고도 온전히 사랑하지 못했던 모습을 회개한다. 기회를 만들어 집사님들을 섬기고, 함께 성장하는 공동체를 세워가기 위해 헌신하겠다.
결단과 적용	1. 이번 주 토요일에 있을 OOO 가정과의 식사 모임을 준비하기 위해, 아내의 도움 요청에 바로 반응해 함께 준비하도록 하겠다. 2. 함께 봉사로 섬기는 OOO의 수고에 감사의 메시지를 전하며, 선물 쿠폰과 메시지를 보내 감사함을 표현하겠다.

에필로그
말씀 앞에서 나의 심장은 지금도 뛰고 있다

매일 밤낮으로 글을 쓰고, 말씀 묵상 잡지를 만들기 위해 밤을 지새웠던 날들이 있었다. 당시 그 일을 감당한다는 것은 쉽지 않은 하루의 연속이었다. 하지만 그렇게 지새웠던 날들이 쌓였기에, 여전히 부족한 삶이지만 성장한 부분이 있음을 고백한다. 사실 하나님의 말씀을 묵상하고, 그것을 누군가와 나눌 수 있다는 것 자체가 그 어떤 것과도 바꿀 수 없는 은혜다.

그러다 성도들과 말씀을 나눌 공간을 채우고, 나누는 일까지 하게 되었다. 또한 그것이 계기가 되어 교회 개척에까지 이르게 됐다. 정말로 다이나믹한 인생이요, 하나님만이 아시는 삶이다. 그렇기에 앞으로의 삶도 오직 하나님만이 아신다. 분명한 사실은 말씀을 통한 복음 증거는 앞으로도 계속돼야 하고, 그것을 흘러보내는 삶을 살아야 한다는 것이다.

내 안에 역사하시는 하나님의 말씀이, 나의 뇌와 마음을 거쳐, 누군가에게 영향을 끼치게 된다는 것만큼 감동적이고도 의미 있는 일이 있을까. 그렇기에 삶의 자리는 늘 역사하시는 하나님으로 채워져야 하며, 이를 통해 예수님이 증거될 수 있다면, 이보다 더 소중하고도 중요한 일은 없을 것이다.

바로 그 일을 위해, 오늘도 가장 강력한 하나님의 말씀을 가지고 세상을 향해 나아간다. 말씀 묵상이 하나님께서 내 손에 쥐어주신 물맷돌임을 믿고, 가장 익숙한 말씀을 무기 삼아 세상을 향해 나아간다. 분명한 사실은 어제까지 신실하셨던 하나님의 역사를 믿기에, 오늘은 물론이요, 내일도 그렇게 역사하실 하나님만 믿고 나아간다.

사실 이 원고가 책으로 나오게 된 것도 하나님의 전적인 은혜다. 매 순간 하나님께서 영감을 주셨기에 이 같은 내용을 채울 수 있었다. 또한 출간을 위해 힘써 주시는 분들을 만났기에 원고가 책이란 이름으로 빛을 볼 수 있게 됐다.

나는 언제나 그렇듯 내가 받았던 도전이 누군가를 통해 흘러가고, 복음의 역사로 확장될 것을 믿는다. 이 책이 바로 그런 책이 되길 소망하는 마음으로 기도할 것이고, 오늘도 묵묵히 말씀으로 내 삶의 공간을 채우는 일에 집중할 것이다. 감사한 것은 말씀 앞에서 여전히 내 심장은 뛰고 있다는 사실이다. 오늘도 나와 이 글을 읽는 누군가를 통해 역사하실 하나님의 역사를 기대하며, 믿음으로 함께 이 길을 걷고 싶다.